労働時間・残業代 裁判所の判断がスグわかる本

弁護士・
元労働基準監督官
中野 公義 [著]

はしがき

―― 管理監督者性を主張して、裁判所から一蹴されたことはありませんか？
―― 誤った固定残業手当の導入に気付かなかったことはありませんか？

　本書は、残業代請求事件における労働時間及び割増賃金に関する法律上及び事実認定上の様々な論点について、その判断を整理してまとめたものです。裁判例は、過去５年の「労働判例」（産労総合研究所）に掲載されたものを中心に選択しました。
- 弁護士としてどのような主張立証をすべきか？
- 社会保険労務士として顧問先に潜在するリスクをどのように見抜くか？

　裁判所の判断を通じて、これらのことが「スグ」にわかる書籍を提供したいとの考えから、本書の執筆を開始しました。

　残業代請求事件は、使用者側の主張が認められにくい事件といえるかもしれません。とある方の言葉を借りれば、使用者側は「サンドバッグ状態」、つまり、労働者の主張に対して有効な反論ができず、納得できないまま和解を求められ、そして判決を言い渡されてしまうことが多々あると思われます。

　また、社会保険労務士にとっては、著名な判例を除いては、裁判所の判断自体に触れる機会が少ないものと思われます。そのため、確立した判例法理（例えば整理解雇の４要素）については知識を有していても、実際の裁判でどのような判断がされるのか、事実認定レベルの問題点まで踏まえた労務サービスの提供を行うのは多大な労力を要するものと思われます。

　そのため、そのような状況を少しでも改善できればと思い、構成も工夫しました。その内容の一例を挙げれば、
- どのような資料から労働時間が認定されるのか
- 残業の許可制はどのような制度を設定し運用すべきか
- 判決で付加金の支払いを命じられたときはどう対処したら良いのか

等の疑問に対する裁判所の判断を掲載し、それらを訴訟活動及び労務管理の実務にフィードバックしやすい形としています。

　筆者は、労働基準監督官として３年間、厚生労働事務官として約４年間、

弁護士として約7年間、労働に関する問題に関わり、多数の経験があるとは言えませんが、ユニークな事件に巡り会う機会には恵まれました。
　例えば、タイムカード（正確には入退館記録）の記載の証明力を否定するために商品のタグやクレジットカードの使用時刻を確認したり、労働者の証明に対する間接反証として、他の従業員の労働時間を計測したりと、訴訟活動への創意工夫は、ベテラン弁護士に劣らないだけの自負があります。
　そして、本書執筆のために調査した裁判例をヒントに主張立証を行った結果、裁判所に肯定的な判断をしてもらったこともあり、読者にとっても、本書は同様の効果をもたらしてくれるものと期待しています。
　そのほか、本書には、筆者の拙い経験談等を内容とするコラムを掲載しており、実務上の即効性はないかもしれませんが、読者に対し、通常業務では気付きにくい視点を示唆することに、一役かってくれるものと考えています。

　本書の発刊は、株式会社日本法令から、同社発刊の雑誌「月刊ビジネスガイド」への特別寄稿を経て、労働時間及び割増賃金に関する書籍の執筆依頼をいただいたことにより実現したものです。
　また、それ以前に、株式会社データ・マックスから、同社が発行する情報誌「I・B」の誌面上で、「裁判例に学ぶ労働時間管理」というテーマの連載コラム執筆の機会をいただくことがなければ、このような内容を提供するだけの準備はできなかったものと思います。

　行政経歴が特に長いとはいえず、弁護士としてもまだまだ駆け出しの筆者に対して、このような貴重な機会を与えてくださったことに大変感謝しております。特に、特別寄稿の際、筆者に目をかけてくださった株式会社日本法令出版課の吉岡さん、本書の校正等にご尽力いただいた八木さんに対しては、この場をお借りして、改めて感謝申し上げたいと思います。

　最後に、本書には、まだまだ改善すべき点があるとは存じます。また、上で述べた効果は筆者の個人的な見解に過ぎず、全ての方にその効果を保証するものではありませんが、本書が、実務で活躍される方々の必携の書となれば幸いです。

平成30年8月　弁護士　**中野公義**

第1章 労働時間・割増賃金の基本的な考え方

1 労働時間
～所定労働時間と法定労働時間の関係～ ………………… 10

　コラム　勤務間インターバル制度 ………………… 11

2 時間外労働
～残業を命じることの可否とその場合に必要なこと～ ……… 12

3 割増賃金
～残業代の基本的な計算方法～ ………………………… 14

　コラム　算入しない賃金の相違 ………………… 17

4 その他
～付加金って何？ 遅延損害金って何？～ ………………… 18

　コラム　「解決金」？ ………………… 19

第2章 労働時間の設定

1 法定労働時間
～所定労働時間の規定が無効とならないためには～ ……… 22

　コラム　行政と司法の違い ………………… 26

2 特例事業場
～週44時間の適用が認められるためには～ ………………… 27

もくじ **3**

もくじ

3 変形労働時間制
　〜変形労働時間制の採用が否定されないために〜 ……… 31
　　コラム 労働基準法32条違反と１年単位の変形労働時間制 …… 35

4 事業場外労働に関するみなし労働時間制
　〜「労働時間を算定し難いとき」の考え方は？〜 ……… 36
　　コラム 証明責任１ …………………………………………… 39

5 裁量労働制
　〜裁量労働制の導入を否定されないためには？〜 ……… 40
　　コラム 社会保険労務士の懲戒と手続規定 ………………… 44

6 休憩時間
　〜「休憩がなかった」と言われないために〜 …………… 45
　（１）休憩時間に仕事をしてもらった場合　　45
　（２）休憩時間の規定方法　　47

7 休　日
　〜法定休日を特定しておいたほうが良いか？〜 ………… 50

8 仮眠時間
　〜労働時間と評価されないためには？〜 ………………… 53
　　コラム 法改正のきっかけ …………………………………… 55

9 手待ち時間
　〜休憩時間が手待ち時間とならないために〜 …………… 56
　　コラム 証明責任２ …………………………………………… 59

10 労働基準法上の労働時間
　〜「労働時間」と言われないために〜 …………………… 60

（1） 定義　　60

　　コラム　開店前の準備 ……………………………………… 62

（2） 業務開始前のラジオ体操　　63

　　コラム　自動車部品製造工場でのラジオ体操 ………………… 64

（3） 黙示の業務命令　　66

　　コラム　自主的に勉強していました！ ……………………… 68

11 残業の許可制
　　～事前申請・許可制の具体的な運用方法～ ……………… 69

第3章　賃金の設定

1 割増の基礎となる賃金
　　～手当の名称等について気を付けるべきこと～ ………… 74

　　コラム　伝家の宝刀104条の2？ ……………………………… 76

2 割増賃金の算定根拠
　　～法令と異なる計算方法をとることの可否～ …………… 77

　　コラム　最低賃金日額の必要性 ……………………………… 80

3 固定残業手当
　　～残業手当としての趣旨を否定されないために～ ……… 81

（1） 適法性　　81

（2） 導入にあたっての同意　　83

（3） 固定残業手当の名称　　86

- もくじ -

- （4） 明確区分性　89
- （5） 基本給に対して割合等で示す区分方法の可否　91
- （6） 計算式による区分方法　94
- （7） 相当時間数　96
- （8） 基本給の減額の可否　100

4 年俸制
〜年俸制を採用することで残業代は抑制されるか？〜 ……104

（コラム）東京100に対して福井1 ……………………………… 107

5 歩合給・出来高払制
〜歩合給と残業代との関係は？〜 ……………………………108

（コラム）許可基準 ………………………………………………… 112

第4章　具体的な労務管理及び裁判における事実認定等

1 労働時間
〜残業代が請求される裁判の最大の争点〜 ………………114

- （1） タイムカードにより労働時間が認定される理屈　114
- （2） タイムカードにより認定されない場合　116

（コラム）時刻を認定する資料は時刻の記録のみか？ ……120

- （3） タイムカード設置の目的　121

（コラム）ハローワークへの提出目的での使用 ……………124

- （4） タイムカードの信用性　125

（コラム）タイムカードの信用性を否定する具体的な理由 ……127

（5）　タイムカードと始業時刻　　128
（6）　PC内の情報　　130
（7）　施錠・警備の解除等の記録　　132

コラム　「当時」としては画期的な方法だった？ …………… 135

（8）　日報が存在する場合　　136
（9）　労働者のメモの取扱い　　140

コラム　タイムカード等の記載を覆すには …………………… 143

（10）　休憩時間の開始時刻・終了時刻の記録の要否　　144
（11）　休憩時間に関する証拠が存在しない場合　　146
（12）　休憩は一切取れなかったという主張　　149
（13）　所定終業時刻後の休憩　　151
（14）　残業の許可制がとられていた場合　　152
（15）　労働時間の記録が残されていない場合　　156

コラム　記録がない場合の監督官による対応は？ ………… 158

2　賃　金
　　～有効な残業代の支払いと認められるには～ ……………… 160
（1）　固定残業手当①　口頭による同意　　160

コラム　消滅時効 ……………………………………………………… 162

（2）　固定残業手当②　同意書とそれについての説明　　163
（3）　固定残業手当③　支払い趣旨の否定　　166
（4）　固定残業手当④　不足額の支払い　　168
（5）　割増の基礎となる賃金　　170

コラム　残業代請求との抱き合わせ …………………………… 174

3 その他 ·· 175
　（1）　賃金債権の放棄　　175
　（2）　管理監督者性　　179
　（3）　労働者性　　186

　コラム　大工は労働者か？ ·· 188

　（4）　遅延損害金　　189
　（5）　付加金として認められる額　　192
　（6）　付加金の支払命令が取り消されるためには　　197

〈巻末資料〉

労働契約法（抄）　　202
労働基準法（抄）　　205
労働基準法施行規則（抄）　　219
賃金の支払の確保等に関する法律（抄）　　230
賃金の支払の確保等に関する法律施行規則（抄）　　231

参考裁判例一覧　　232

※本文中の事件名に付いている数字は、裁判例一覧に対応しています。

第1章
労働時間・割増賃金の基本的な考え方

　労働契約における労働時間及び賃金は、いろいろな思惑により設定されます。労働者からすれば、生活の糧として必要十分な金額ということに尽きると思いますが、使用者からすれば、労働者のモチベーションをあげたり、生産性を高めたり、他方で、人件費を抑制するためということもあるかと思います。

　しかし、基本的な労働条件である労働時間及び賃金は、憲法から委任をうけた法律（労働基準法、最低賃金法等）が基本的な制度を設定しています。そのため、法律の定める最低限の基準をクリアしてさえいれば、一応は、問題ないといえます。
言い換えれば、労働時間及び残業を行わせる際に支払いが必要となる時間外労働等割増賃金（以下「割増賃金」といいます）は、法律の規定に従う限り、裁判で負けることもなく、そもそも、争いにもならないということです。

　そのため、本章では、ごくごく簡単ではありますが、イントロとして、これらに関する基本的な基準について説明をしておきます。労務管理や割増賃金請求事件について経験のない方については、本書の導入部分としてぜひご覧ください。
　それ以外の方で、労働基準法32条、同法37条と聞いてどのような制度を定めた条文であるかイメージが湧くであろう方々は、本章は読み飛ばしてくださって構いません。

1 労働時間
～所定労働時間と法定労働時間の関係～

Q
労働者の勤務時間（所定労働時間）は、使用者と労働者との合意により、自由に決めて良いのでしょうか？

　自由に決めることはできません。1週間40時間、1日8時間以内にする必要があります。

問題の所在

労働契約も民事上の契約ですので、その内容である労働時間の設定についても、契約自由の原則が妥当するのか問題となります。

【規定】

労働基準法32条は、労働時間の上限について、原則、1週間40時間、1日8時間と定めています（法定労働時間）。

裁判例

例えば、平成25年5月22日東京地裁判決（**31**・ヒロセ電機（残業代等請求）事件）では、次のように、所定労働時間が定められています。

始業時刻　8時
終業時刻　17時
休憩時間　12時から12時50分まで、15時から15時10分まで

　これを前提とすれば、事業場に拘束される時間は9時間ですが、休憩時間が合計1時間ありますので、1日の所定労働時間は8時間となります。この上で、1週間に休日を2日定めれば、1週間40時間、1日8時間という法定労働時間をクリアすることとなります。つまり、法定労働時間の範囲内で、所定労働時間を定める必要があるということになります。

◎勤務間インターバル制度

　働き方改革関連法では、長時間労働の是正等を目的として、前日の終業時刻と翌日の始業時刻との間に一定時間の休息の確保に努めなければならないとする規定が新たに設けられました。
　では、これまでそのような労働時間規制はなかったのでしょうか？　当然ご承知のことと思いますが、トラック等の自動車運転者については、労働大臣告示ではありますが、「自動車運転者の労働時間等の改善のための基準」(改善基準告示)において、継続8時間以上の休息時間を設けなければならないとされています。これが遵守されない場合には、労働基準監督官による是正勧告の対象にもなります。
　働き方改革関連法で規定される勤務間インターバル制度は、努力義務でしかなく(労働基準法の規定でもありません)、それを理由に是正勧告を受けることはないと思われますが、休息期間については、近年になってようやく議論されはじめたというわけではありませんので、よく注意しておくべきです。

2　時間外労働
～残業を命じることの可否と
　　　その場合に必要なこと～

> Q
> 法定労働時間を超えて、残業をしてもらうことは可能でしょうか？

可能ではありますが、残業代（割増賃金）の支払い等が必要になります。

問題の所在

法律で労働時間の上限が決められているのであれば、それを超えて残業（時間外労働）をしてもらうことはできないのか問題となります。

【通常の実務】

一般的には、就業規則や雇用契約書で、業務上必要と判断される場合には時間外労働（残業）を命じることがあると規定し、残業についての合意を契約に含めておくことにより、残業を命じることができます。

しかし、使用者が労働者に法定労働時間を超えて労働（残業）させた場合には、残業時間に応じた割増賃金の支払いが必要になります。その支払いを怠れば、民事訴訟や労働審判によりその支払いを

求められるだけでなく、刑事上の責任を問われる場合もあります。

＜規定例＞

> 第○条　会社は、従業員に対し、業務上必要があると認めた場合には、労使協定により定めた時間の範囲内で、時間外勤務を命ずることがある。
> 2　従業員は、前項の時間外勤務を命じられたときは、これに応じなければならない。

裁判例

　平成25年5月22日東京地裁判決（**31**・ヒロセ電機（残業代等請求）事件）は、残業時間に争いがあった事件でしたが、会社は、残業として把握していた時間について、割増賃金を支払っていました。そして裁判所は、会社の把握していた時間をもって割増賃金を支払うべき残業時間と認定しましたので、労働者の請求を認めませんでした。

【36協定の締結】

　なお、残業を行わせる場合には、割増賃金の支払い以外に労使協定の締結と所轄労働基準監督署長への届出が必要となります（労働基準法36条）。ただし、これは、あくまでも免罰効果（刑事罰を免れる効果）を得るためのものです。これがあってもなくても、残業をさせれば、割増賃金の支払いが必要となります。

3 割増賃金
～残業代の基本的な計算方法～

Q

残業代は、基本給とは別に何らかの金額を支払えば問題ありませんか？

少なくとも、労働基準法37条の規定する計算方法により算出される割増賃金の額以上の金額を支払わなければなりません。

問題の所在

労働基準法24条は、賃金の支払いについて5原則を規定していますが、その金額についてまで規制するものではありません（もちろん、最低賃金法がその最低額は規定しています）。そのため、残業時間に応じた割増賃金の額についても、当事者で自由に決めて良いのか問題となります。

【規定】

労働基準法37条1項は、時間外労働等に対して、割増賃金（通常の労働時間の賃金に対して政令で定める率以上の率で計算したもの）の支払いをしなければならないと規定しています。

具体的な計算方法については、労働基準法施行規則19条が時間単

価（割増賃金の基礎となる賃金）の計算方法を規定していますので、少なくとも、これにより算定される時間単価と残業時間数及び割増率によって計算した割増賃金を支払わなければなりません。

　また、時間単価を算出するにあたり、基本給の他に、役職手当等の名称で、複数の手当の支払いを受けている場合には、これらについても、時間単価の計算に含めなければなりません。

　例えば、賃金月額が、基本給32万円、役職手当5万円、家族手当3万円であり、1年間の所定労働時間数が2080時間（1日の所定労働時間が8時間、年間の所定労働日数が260日）の場合、

（32万円＋5万円）×12月÷2080時間＝2134.6円／時間

に、残業時間数と割増率をかけて計算される割増賃金の支払いが必要となります。
　仮に、残業時間が30時間であれば、

2134.6円／時間×30時間×1.25（割増率）＝8万48円

以上の割増賃金を支払わなければならないことになります。

　ここで、家族手当を時間単価の計算に含めませんでしたが、労働基準法37条及び同法施行規則21条は、次の手当等について、時間単価の計算に算入しなくて良いものとして規定しています。裏を返せば、これらに該当しない限り、どのような手当であっても時間単価に算入しなければならないということになります。

- 家族手当
- 通勤手当
- 別居手当
- 子女教育手当
- 住宅手当
- 臨時に支払われた賃金
- 1か月を超える期間ごとに支払われる賃金

裁判例

　なお、平成29年2月28日最高裁判決（**46**・国際自動車事件）が述べるように、労働基準法37条は、同条等に定められた方法により算定された額を下回らない額の割増賃金を支払うことを義務付けるにとどまります。そのため、残業について、これと異なる方法で算定した割増賃金を支払ったとしても、これを下回らない限りは、法律に抵触しないこととなります。

　労働基準法37条の規定する割増率等を上回って割増賃金を規定する場合としては、変形労働時間制を採用した場合が多いように思われます。
　例えば、1日7時間30分の所定労働時間で変形労働時間制を採用した場合、その所定労働時間を超えて8時間までは、労働基準法37条の規定する割増賃金を支払う必要があるかどうかは、厳密には、変形労働時間制を採用する際に定めた変形期間が満了するまでは確定することはできません。しかし、そのようなことをすれば、期間が満了するまで割増賃金の計算ができなくなり、業務が滞ってしまいます。そのため、このような場合には、1日の所定労働時間を超えて残業した場合には、割増賃金を支払うという規定を置くことが

多いように思われます。

　その他には、休日労働についても、それが法定休日労働として３割５分以上の割増率で計算すべきかどうかが一応問題となりますので、変形期間中の所定休日労働について、一律に、割増率を３割５分としておくことも多いように思われます。

◎算入しない賃金の相違

　最低賃金において算入しないことを定める賃金と割増賃金の時間単価に算入しない賃金では、次の点で異なります。
　（最低賃金では算入）別居手当、子女教育手当、住宅手当
　（割増賃金では算入）精皆勤手当
　そこで、基本給だけでは最低賃金を下回る場合であっても、これとは別に、別居手当、子女教育手当又は住宅手当を支給していれば、最低賃金法に違反しないようにすることができます。
　さらに、この時、割増賃金の時間単価については、これらを算入しないことが認められます。そうすると、割増賃金の時間単価は、最低賃金の時間額よりも下回ることになりますが、果たして認められるのでしょうか。
　おそらく、後でも触れますが、労働基準監督署に対しては指導される程度で終わるとしても、民事裁判では、別居手当、子女教育手当、住宅手当の性格が問題となり、実質的にはこれらに該当しないものとして割増賃金の基礎となる賃金へ算入させられる可能性が高いと思われます。

4 その他
～付加金って何？ 遅延損害金って何？～

Q

割増賃金を支払わなかった場合、刑事責任は別にして、その支払い以外に何か支払いを求められるものはありますか？

付加金と遅延損害金の支払いが必要となる場合があります。

問題の所在

賃金不払いも契約上（民事上）の債務不履行でしかありませんが、労働基準法が刑事罰を規定しています。それとは別に、民事上、それ以上の不利益が課されないか問題となります。

【規定】

労働基準法114条は、同法に違反して、その定める割増賃金等を支払わなかった使用者に対し、裁判所が、その制裁として、その未払金のほか、これと同一額の金員の支払いを命ずることができると規定しています。この金員のことを「付加金」といいます。

具体的には、裁判上、100万円の割増賃金の不払いが認められれば、それとは別に、100万円の付加金の支払いの、合計200万円の支払いが命じられるというものです。

ですから、裁判において、割増賃金の支払いを命じられる場合には、原則、それと同一額の付加金の支払いも命じられることになります。

　また、一般的な企業であれば、賃金の支払いが遅れれば、その支払日の翌日から商事法定利率である年6％の割合で計算した遅延損害金を支払わなければなりません（なお、民法改正にともない、商事法定利率が廃止されます。また、民法による法定利率も変動することになりますので、注意が必要です）。

　さらに、退職した労働者に対しては、退職した日の翌日から14.6％の割合で計算した遅延損害金を支払わなければならない場合があります。

コラム

◎「解決金」？

　裁判において割増賃金を請求し、それが和解で解決される場合、「賃金」ではなく「解決金」の支払いを合意することがほとんどです。

　その理由は、もし、仮に（割増）賃金を支払う合意をしてしまえば、源泉徴収は必要なのか、離職票に記載した賃金額を訂正しなければならないのかといった、非常に面倒なことが生じてしまうからです。和解により、離職票の記載の訂正を求めるには、いつの賃金としていくら支払うのかということまで細かく和解調書に記載する必要が出てきます。

　そこで、実務上の知恵として「解決金」の支払義務として約束するという方法が編み出され、一般的なものとなっているというものです。また、その場合、付加金と遅延損害金は譲歩する（請求をしない）ことが一般的となっていることからも、和解による解決には実体的・手続的の両面でのメリットがあるといえます。

第2章
労働時間の設定

　第1章でみた法定労働時間を超えないように、各事業場における所定労働時間を設定しなければなりません。

　本章では、そのような所定労働時間の設定にあたり、民事上、それが違法・無効とならないためにどのようなことが必要かについて、裁判例の判断を踏まえて、そのポイントを解説します。

1 法定労働時間
～所定労働時間の規定が無効とならないためには～

Q
　法定労働時間を超えて、1日の所定労働時間を10時間と定めた場合、1日の所定労働時間は10時間と判断されますか。また、この場合、何か不利な判断をされることになりますか？

　原則として、10時間という規定は無効となり、所定労働時間は8時間と判断されます。また、それに伴い、割増賃金が不足すると判断される可能性が高いといえます。

問題の所在

　労働基準法が法定労働時間を定めていても、当事者間で、それを満たさない所定労働時間を労働条件の内容とすることも事実上は可能です（法定速度が定められていてもスピード違反ができることと同じです）。そこで、裁判所は、法定労働時間を満たさない労働条件が合意されていた場合、これについてどのような判断をするのか問題となります。

裁判例 （8時間の限度で有効と判断したケース）

　平成28年5月30日東京地裁判決（**45**・無洲事件）において、裁判所は、次のような所定労働時間の規定（勤務シフト）について、1日8時間を超える労働時間は無効である（つまり、1日の所定労働

時間の合意は8時間の限度で有効）と判断しました。

```
勤務時間　10時〜24時（14時間）
休憩時間　13時〜16時（3時間）、21時〜22時（1時間）
実働時間　10時間
```

　この事件では、時間外・休日労働の協定（36協定）がなく、変形労働時間制についての主張立証もないことから、労働基準法13条を理由に、前述のように判断しました。

　また、平成24年3月23日東京地裁判決（**3**・乙山事件）では、1日7時間45分で週6日勤務とされていた労働者について、1週間の所定労働時間のうち、6時間30分（7時間45分×6日－40時間）は割増賃金の支払いが必要な残業時間と判断しました。

　これらの事件では、単に、労働時間が1週間40時間、1日8時間に収まるように所定労働時間が認定されただけでなく、それまでに支払われた賃金も、所定労働時間に対するものと判断しました。そのため、割増賃金のうち、割増部分（25％）が未払いということではなく、その時間に対する125％の割増賃金が未払いと判断されています。
　おそらく、会社としては、所定労働時間として無効と判断された部分の労働に対する対価も含め、基本給等の金額を定めていたものと思われますが、裁判所は、その部分に対する賃金（割増賃金）の支払いは一切されていないと判断したものです。

【具体的に考えると】

　1日10時間の作業を行ってもらうため、日給1万円で労働者を雇ったとします。この場合、1日8時間を超えていますので、2時間については所定労働時間としては無効となりますが、2時間分の賃金について、どのように考えることとなるでしょう。

　上記裁判例と同じように考えれば、2時間分の賃金は支払われていないということになります。

　この場合、不払いとなっている割増賃金の額は、

3125円＝2時間×125％×（1万円÷8時間）

となります。

　2時間について、割増部分の500円（＝2時間×1万円÷10時間×25％）が不払いと判断されるわけではありません。

　時給1000円で契約していれば、後者のように判断されると思われますが、裁判では、月給制で雇用される労働者の割増賃金について問題となることが多いことからすれば、賃金と所定労働時間の設定によって、結論が大きく変わるということがわかると思われます。

最高裁判例

　この点、割増賃金の未払いがあるかどうかについて、平成29年2月28日最高裁判決（**46**・国際自動車事件）は、通常の労働時間の賃金に当たる部分と割増賃金に当たる部分が判別できるかどうかを検討した上で、未払いがあるかどうかを検討すべきだと述べています。

　そのため、割増賃金の場合と同様に、所定労働時間の範囲と時間外労働の範囲が明確にされていることは当然の前提となっているものと思われます。

業務の都合により、残業時間を含めて１週間ないし１日に勤務してもらう時間を設定しなければならない場合はあるかと思いますが、その場合であっても、所定労働時間を法定労働時間の範囲内で設定し、それとは別に、残業時間がどこからどこまでなのかを特定して勤務シフト等の作成を行う必要があるといえます。

裁判例 （当事者の合意をもとに時間単価を認定したケース）

　なお、平成28年９月16日東京地裁判決（**56**・日本総業事件）は、拘束時間午前９時から翌日午前９時まで、休憩時間360分、所定労働時間18時間、給与日額１万8000円であった労働者について、給与日額に深夜及び残業の割増賃金が含まれていたとの会社の主張は認めませんでした。

　しかし、反対に、割増賃金の基礎となる賃金について、日給１万8000円を18時間ではなく、８時間（１日あたりの法定労働時間）で除して算定すべきだとの労働者の主張も認めず、1000円（１万8000円÷18時間）と算定しました。

　上述した裁判例とは異なる結論となっています。

　もっとも、この事件は、使用者としては、１か月単位の変形労働時間制を採用していたとの認識だったところ、その要件を満たさないという理由から適用が否定されました。また、労働者が18時間の労働の対価として１万8000円が支払われることを理解していたことや、年次有給休暇の場合の時給単価が1000円とされていたことをもとに、当事者間の給与に関する日給の合意について、実働１時間あたり1000円とする合意であると認めました。その上で、このような判断をしたものです。

◎行政と司法の違い

　筆者が監督官をしていた当時、1日10時間労働（拘束時間12時間）、日勤と夜勤の2交代制の構内下請事業場に監督したことがありました。

　工場自体は、著名な企業のものでしたが、その一部の部門について、構内下請業者が業務を行っていました。

　労働者の大半が外国人で、彼らの感覚としては、1回の勤務でどれだけの賃金を得られ、そのために、一月に何回勤務すれば生活できるのかということに関心があったようです。

　使用者も、労働条件通知書では、1日10時間勤務であるが、そのうち2時間は時間外労働であることを明記していました。賃金も時間給で定められており、その2時間については、割増賃金が支払われることも明記されていました。

　このケースでは、過重労働の問題は生じる可能性があるとしても、形式的には法律に抵触しないため、指導等は行いませんでした。しかし、これが訴訟となり、実質的には、1日10時間労働の合意であったとして無効と判断されないかというと、絶対にそのようなことがないとは言い切れません。研修生について実態に照らし労働者だと判断した裁判例もあったかと思います。

　労務管理においては、対行政という形式的な視点のみならず、対司法という実質的な視点も踏まえて、工夫をする必要があると思われます。

2 特例事業場
～週44時間の適用が認められるためには～

Q 法定労働時間は、業種にかかわらず週40時間が上限ですか？

A 常時10人未満の労働者を使用する事業場で、一定の業種に該当する場合には、週44時間が上限となります。

問題の所在

所定労働時間を定めるにあたり、例外なく1週間40時間とされているのか、それとも、例外が認められるのかが問題となります。

【規定】

労働基準法40条、同法施行規則25条の2第1項の適用がある事業場においては、1週間について44時間、1日について8時間まで労働させることができることとなっています。

裁判例（適用を肯定したケース）

平成25年12月19日大阪地裁判決（**26**・乙山石油事件）では、会社が、ガソリン、軽油及び灯油等の販売を行う事業場（要するにガソリンスタンド）であったことから、同法及び同規則の適用があると判断されました。

第2章 労働時間の設定　27

【具体的に考えると】

　上記裁判例では、所定労働時間が出勤予定表で決まるようになっていたところ、所定労働時間と残業時間の区別をすることなく、法定労働時間を上回って所定労働時間を定めていたものと思われます。

　この場合、労働基準法13条により、所定労働時間は、法定労働時間と同じになりますが、これが週40時間と週44時間では、

> ①　割増賃金の支払いを要する時間が１週間で４時間異なる
> ②　割増賃金の算定にあたり、時間単価が異なる

という違いがあります。

　１月平均の所定労働時間を求めると、それぞれの場合で

> 173.81時間／月＝365日÷７日／週×40時間／週÷12月
> 191.19時間／月＝365日÷７日／週×44時間／週÷12月

となります。

　そのため、例えば、月給30万円の労働者であれば、時間単価はそれぞれ

> 1726.02円／時間＝30万円／月÷173.81時間／月
> 1569.12円／時間＝30万円／月÷191.19時間／月

となり、約156円の差が生じることになります。

そして、①の点については、仮に2年間（104週間）分の割増賃金の支払いを求められた場合、最大、

```
 4時間／週×104週＝416時間
416時間×1726.02円／時間×125％＝89万7530.4円
```

の差が生じます。
　さらに、仮に、毎月45時間の残業があったとすれば、

```
45時間／月×12月／年×2年＝1080時間
1080時間×156円／時間×125％＝21万600円
```

の差が生じることになります。

【訴訟手続上の注意】
　ただし、裁判所は、この点について会社からの主張がなければ、特例事業場にあたるかどうかの判断をすることはありません。法定労働時間が週44時間となることについては、会社から主張する必要があります。そして、労働基準法が事業場単位で適用されることから「常時10人未満」のカウントの仕方が事業場単位となることに注意が必要です。

裁 判 例（具体的に適用の可否が判断されたケース）
　平成29年3月3日大阪高裁判決（**47・鳥伸事件**）では、労働者から、会社は複数の店舗があり、それらの労働者数を合計すれば常時10人未満とならないとの主張がされました。
　それに対し、裁判所は、その労働者が業務に従事した事業場（当

該店舗）の独立性について、「労働の態様の一体性の観点から、同一場所にあるものは原則として一個の事業所とし、場所的に分散しているものは原則として別個の事業所と解するのが相当である。」と述べました。

そして、当該店舗について、①他の店舗から場所的に独立している、②営業面の独立性が認められる、③一定程度の人事労務権限を有していると判断し、「常時10人未満の労働者を使用するもの」と認め、特例事業場にあたると判断しました。

②については、当該店舗には店長が置かれ、当該店舗の営業方針や仕入発注等の日常の営業業務は、店長がその裁量により決めていること及び他店舗の従業員と重なってもいないと認めています。

③については、店長が採用時の人選及びシフト表の作成を行い、パート社員のタイムカードの打刻も当該店舗で行われていたことを認めています。

他方、当該店舗で労務管理が行われていたわけではなく、賃金台帳の調製もされていなかったとの労働者の反論に対し、裁判所は、「独立性が完全であるとは言えないとしても、労働の態様の一体性を否定することはできないというべきである。」と述べています。

行政における運用の基本方針としても、「事業とは、工場、鉱山、事務所、店舗等の如く一定の場所において相関連する組織のもとに業として継続的に行われる作業の一体をいうのであって、必ずしもいわゆる経営上一体をなす支店、工場等を総合した全事業を指称するものではないこと。」（平11.3.31基発168号）と示されていますので、具体的な判断については、上記裁判例の考え方が参考になると思われます。

3 変形労働時間制
～変形労働時間制の採用が否定されないために～

Q

変形労働時間制というのは、一定の期間における実際の労働時間が、平均して1週間あたり40時間となれば良いというものですか？

特定の週又は日について、法定労働時間を超える所定労働時間を定めた場合、法定労働時間を超えた所定労働時間が時間外労働とならないというものです（平成14年2月28日最高裁判決）

問題の所在

長時間労働を抑制するのが法定労働時間の目的の一つであると思われます。そうすると、繁忙期と閑散期がある事業について、一定期間の総労働時間について、法定労働時間で算定した場合の合計時間を上回らないことを条件に、繁忙期に限り1週間40時間、1日8時間を超えて所定労働時間を定められないかが問題となります。

【規定】

労働基準法32条は、原則的な法定労働時間を定め、例外的に、一定の期間について、平均して、1週間あたり40時間以内となるように所定労働時間を定めることを認めています。このような所定労働

時間の定め方を、変形労働時間制と呼んでいます。

　もっとも、変形労働時間制は、事後的に、ある期間について平均して１週間あたり40時間を下回れば良いというものではなく、あらかじめ、一定の期間、その起算日及び所定労働時間を特定するなどの要件を満たす場合に認められるものです。

　変形期間を１か月以内とする場合（１か月単位の変形労働時間制・労働基準法32条の２）には、①１か月以内の変形期間の定め、②変形期間における所定労働時間の特定、③変形期間の起算日の明示、④変形期間を平均して１週間あたりの労働時間が40時間（特例事業場では44時間）を超えないことが必要となります。

　また、変形期間が１か月を超え１年以内とする場合（１年単位の変形労働時間制・労働基準法32条の４）には、労使協定の締結とその届出等が必要となります。

裁判例 （有効と判断されたケース）

　平成25年５月22日東京地裁判決（**31**・ヒロセ電機〔残業代等請求〕事件）では、就業規則において、次のことが規定されているものと認定されています。

・１か月単位の変形労働時間制（変形期間４週間）を採用する旨
・変形期間の起算日を毎年４月１日とする旨
・１日の所定労働時間を８時間とすること及び始業終業時刻
・年度１年間のカレンダーをもって休日を制定し周知すること

　この事件では、１年間のカレンダーが作成され、職場に回覧されるだけでなく、さらに、カードサイズのミニカレンダーが作成され、従業員に配付されていることも認定されています。

また、具体的な勤務シフトなどが作成されていないため、所定労働時間数の特定がされていないとの労働者の主張に対しては、会社の作成した年間カレンダーにより、4月1日を起算日として休日が特定されており、4週間の単位で勤務日数に8時間を乗じれば所定労働時間数は特定されるとして、理由がないと判断しました。
　この事件では、実際に、労働者がその規定どおりに勤務していたことも認定していますので、当然の判断だと思われます。

　なお、平成14年2月28日最高裁判決（大星ビル管理事件）が、1か月単位の変形労働時間制の適用について、「月別カレンダー、ビル別カレンダーなるものが作成され、これに基づいて具体的勤務割である勤務シフトが作成されていたというのであり、これによって変形労働時間制を適用する要件が具備されていたとみる余地もあり得る。」と述べました。
　上記裁判例は、このことを参考にして、カレンダーの作成等を行ったものかもしれません。しかし、就業規則やカレンダーにより、具体的に所定労働時間等が特定されていたことだけでなく、実際に、労働者がそれに従って勤務したことが、労働者の主張を排斥し、1か月単位の変形労働時間制の要件を満たしたとの判断のポイントとなったものと思われます。

裁判例（否定されたケース）

　他にも、変形労働時間制の適用が問題となった裁判例はいくつかありますが、所定労働時間の特定がないことを理由に、変形労働時間制を採用したものとは認められないと判断されたものがあります（平成25年7月23日東京地裁判決（**15**・ファニメディック事件）、平成25年10月1日東京地裁判決（**23**・東名運輸事件）、平成29年5月

18日名古屋高裁判決（**51**・ジャパンレンタカー事件））。

　また、平成29年９月14日長崎地裁判決（**59**・サンフリード事件）では、１年単位の変形労働時間制の適用が問題となり、労使協定の締結やその届出といった形式的な要件は満たされていると判断されました。

　しかし、この事件では、労使協定を締結する労働者の過半数代表者が、労働基準法施行規則６条の２第１項所定の手続によって選出された者ではないことから、協定の締結を否定し、適用自体を否定しました。

労務管理のポイント

　筆者の個人的な意見に過ぎないかもしれませんが、どのようにして変形労働時間制を採用するかを考えるよりも、変形労働時間制を採用できる業種でなければ、無理に変形労働時間制としないという判断が必要ではないかと考えます。

　その理由は、裁判になった場合、適用が否定され、原則的な労働時間による残業代の算定を求められることになることが多く、そうであれば、もともと、変形労働時間制を採用する必要性は乏しいと感じるからです。

　計画生産が可能な製造業等であれば変形労働時間制も馴染むと思われますが、そうでない業種に無理に当てはめて、その適用が否定されるのであれば、別の方法を選択するほうが合理的ではないかと思われます。

　裁判においては、変形労働時間制の採用を主張すれば、その分、争点が多くなり、手続自体の負担が重くなります。裁判手続の場面まで考慮すれば、無理に運用が困難な変形労働時間制を採用すべきではなく、別の工夫が求められる場合が多いように思われます。

◎労働基準法32条違反と1年単位の変形労働時間制

　筆者が監督官として勤務していた頃、労働基準法32条違反の是正を求めるために、1か月単位の変形労働時間制の採用を指導する（勧める）ことが多くありました。それに対し、1年単位の変形労働時間制を勧めることは少なかったように思います。理由は、中小企業においては、年間カレンダーを作成し、変形期間ごとに協定届を提出しなければならないことが負担となり、その時は是正されても、それ以降、違反を繰り返すことがあったからです（もちろん、それでも1年変形を勧めて是正を求める場合もありました）。

　それに対して、社会保険労務士が顧問となっている事業場では、1年単位の変形労働時間制が多く取られていたような印象を持っています。おそらく、顧問先企業から就労日を多く設定したいとの要望があったからだと推察しますが、その結果、「こんな業種で1年変形がとれるのか？」と思ったような事例もありました。

　このような場合、受付けをしないかというとそうではなく、受付け時点では違反事実まで確認できませんし、将来の期間についての協定届なので、労働基準法32条違反をなくし、法定労働時間の達成にご協力いただいているものと理解し受付けをしていました。

　もっとも、裁判では、変形労働時間制の適用について、形式的な要件を満たさないという理由でその適用を否定するといった厳しい判断がされていることからすれば、当然ながら、それに見合った労働実態がなければ、協定の締結自体が否定され無効とされることもあるかと思われます。

4 事業場外労働に関するみなし労働時間制

～「労働時間を算定し難いとき」の考え方は？～

Q 営業担当者が、会社の外で業務を行って直行直帰するような場合、所定労働時間労働したものとみなせますか？

 労働基準法38条の2の「労働時間を算定し難いとき」といえれば、所定労働時間労働したものとみなすことができます。

問題の所在

営業職など、事業場外での業務の多い労働者について、その日の業務によって労働時間が異なり、その把握が困難な場合、どのように所定労働時間を設定し、その管理をすべきか問題となります。

【規定】

労働基準法38条の2第1項本文は、労働者が労働時間の全部又は一部について事業場外で業務に従事した場合において、労働時間を算定し難いときは、所定労働時間労働したものとみなすとしています（事業場外労働に関するみなし労働時間制）。

行政解釈では、何人かのグループで事業場外労働に従事する場合

で、そのメンバーの中に労働時間の管理をする者がいる場合等、使用者の具体的な指揮監督が及んでいる場合については、労働時間の算定が可能であるので、みなし労働時間制の適用はないとされています（昭63.1.1基発1号）。

しかし、これだけでは、どのような場合に条文の規定する「労働時間を算定し難いとき」にあたるのかは明らかにされているとは言い難いものと思われます。

最高裁判例（否定されたケース）

平成26年1月24日最高裁判決（阪急トラベルサポート第2事件）では、企画旅行に派遣される添乗員について、①業務の内容があらかじめ具体的に確定されており、添乗員が自ら決定できる事項の範囲及びその決定に係る選択の幅は限られていること、②旅行日程の終了後は内容の正確性を確認し得る添乗日報によって業務の遂行の状況等につき詳細な報告を受けるものとされていたこと等から、「労働時間を算定し難いとき」にあたるとは判断しませんでした。

裁判例（肯定されたケース）

それに対し、上記最高裁判決の判断が出るよりも前の裁判例ではありますが、平成25年5月22日東京地裁判決（**31・ヒロセ電機（残業代等請求）事件**）は、労働者の出張業務について、①時間管理をする者が同行していないこと、②上司による具体的な指示命令がなく、時間ごとの業務遂行について具体的な報告を求めていないこと、③出張時のスケジュールが決まっておらず、業務遂行も自分の判断で行っていること等を理由に、「労働時間を算定し難いとき」にあたると判断しました。

この事件では、就業規則において、出張の場合に所定労働時間勤

務したものとみなす旨の規定がありましたが、例外的に出張者本人から状況報告があり所定労働時間労働したものとみなすことが妥当でないことが判明した場合には、任意で時間外手当の支払いを行っていました。また、このような取扱いがあることを理由に、直ちに事業場外の労働時間の管理が可能であるとは判断しませんでした。

　前述の最高裁判例は、「労働時間を算定し難いとき」にあたらないと判断するにあたり、会社が、労働者から業務内容の正確性を確認できる報告を受けていたことを一つの理由としています。この事件では、そのような場合には、所定労働時間労働したとものとみなさない取扱いをしていたものと思われます。

　おそらく、使用者が、単に労働者に対して具体的な指示をしないあるいは報告を求めないといっただけで、事業場外労働に関するみなし時間制の適用が認められるのではなく、業務の内容等から、事後的にも労働時間を（正確に）算定することが困難な場合に、その適用が肯定されるものと思われます。

　31・ヒロセ電機事件では、労働者が、出張に一人で行くことや自身の判断で業務を遂行するといった事実関係を認めていたようですので、その点で、裁判所としてもその適用を肯定しやすかったものと思われます。

　他には、平成24年7月27日東京地裁判決（**6・ロア・アドバタイジング事件**）は、広告制作等を行う会社の労働者の出張中の労働時間について、出張中の業務が場所的拘束性に乏しい上、使用者が労働者に対し業務の実施方法、時間配分等について直接的かつ具体的な指示等を行っていた形跡はうかがわれないことから、「労働時間を算定し難いとき」に当たると判断しました。

裁判例（否定されたケース）

平成24年10月30日東京地裁判決（**27**・ワールドビジョン事件）では、会社が労働者から出勤表の提出を受けており、それ以上に労働時間の算定が困難なことを基礎付ける事情について主張立証がなかったことを理由に、これにより労働時間を管理しているものと認められるとともに、事業場外労働に関するみなし労働時間制の適用は否定されました。

◎証明責任1

裁判では、事実について一方が証明責任を負わされ、事実が明らかとならない場合には、どちらか一方が不利益に扱われます。例えば、解雇予告手当の支払いを求めた場合、労働者の責めに帰すべき事由の有無がはっきりしないときは、それがないものとして、使用者が不利益に扱われます。

このように考えると、監督官の場合、違反事実について、全て、監督官が各種資料で確認する必要がありますので、証明責任を負わされているということと同じ立場に置かれているともいえます。そのため、賃金不払いについて、「不払い」の立証は「ないことの証明」ですので、基本的には証明不可能です。しかし、監督官は、労働者から供述をとり、使用者に不払いを認めてもらうことにより、一応、証明できたとしていることがほとんどです。そうすると、使用者から不払いを否定されると、監督官として、どれだけの負担を強いられることになるのか、あるいは立件し得ないという場合も生じるであろうことは、想像に難くありません。

使用者に対して「否定したほうが良い」とアドバイスするかどうかは別にして、行政ないし司法の立場と証明責任という制度はよく理解しておいたほうが良いと思われます。

5 裁量労働制

~裁量労働制の導入を否定されないためには?~

Q

業務の性質上、具体的な指示を行うことが困難で、労働者の裁量に委ねなければならないものについて、労働基準法37条の適用を免れることはできませんか?

A

労働基準法38条の3ないし4の要件を満たせば、同条の労使協定で定めた時間労働したものとみなされますので、その範囲でしか、同法37条の割増賃金の支払い義務を負わないこととなります。

問題の所在

業務の性質上、その遂行を労働者の裁量に委ねなければならない場合、残業についても本人の裁量に委ね、それに伴い、労働時間の管理を免れ、労働基準法37条の適用を免れるあるいは限定し得ないかが問題となります。

【規定】

労働基準法38条の3は、業務の性質上その遂行の方法を大幅に当該業務に従事する労働者の裁量に委ねる必要があるため、当該業務の遂行の手段及び時間配分の決定等に関し使用者が具体的な指示をすることが困難なものとして、厚生労働省令で定める業務につい

て、書面による労使協定を交わすなどすることにより、協定で定めた時間労働したものとみなすことができると規定しています（専門業務型裁量労働制）。

　もっとも、対象となる業務は省令により限定されていますし、労使協定の締結や労働基準監督署への届出等が必要となります。

　また、同様に、同法38条の４は、事業の運営に関する事項についての企画、立案、調査及び分析の業務についても、協定で定めた時間労働したものとみなすことができると規定しています（企画業務型裁量労働制）。

裁判例 （対象業務該当性が問題となったもの）

　平成26年２月27日東京高裁判決（**21**・レガシィほか１社事件）は、専門業務型裁量労働制の対象となる「税理士の業務」の範囲が問題となった事件でした。

　この事件では、これについて、税理士法３条所定の税理士となる資格を有し、同法18条所定の税理士名簿への登録を受けた者自身を主体とする業務をいうと解するのが相当であるとされ、税理士以外の者による事実上の税務書類の作成等の業務について、実質的に税理士の業務を行うものと評価すべきであるとの使用者の主張を認めませんでした。

　その理由としては、対象となる専門業務が、例示列挙方式から限定列挙方式に変更された趣旨が、裁量労働制が実際に労働した時間を問題としないで、労使協定によりあらかじめ定めた時間働いたものとみなし、割増賃金の支払いを不要とするものであり、賃金面で労働者の不利益となる可能性がある制度であるため、その対象業務をできる限り明確化すべきことにあったと解されること等を挙げています。

平成24年7月27日大阪高裁判決（**8**・エーディーディー事件）は、労働者の行っていた業務が専門業務型裁量労働制の対象業務の1つである「情報処理システム（電子計算機を使用して行う情報処理を目的として複数のプログラムの設計の基本となるものをいう。）の分析又は設計の業務」にあたるかが争われたものでした。

この事件では、労働者の従事したシステムを作る仕事について、発注者がその一部を労働者に対して指示書を出して発注していたことや、発注元の指示に基づき2週間程度の納期までに完成させるものであったことが認められました。そのため、労働者の従事した業務が、業務遂行の裁量の乏しいものであったことが否定できないとして、専門業務型裁量労働制の対象となる業務にあたらず、同制度の適用要件を満たしていないと判断されました。

裁判例 （裁量労働制の採用手続が問題となったもの）

平成29年4月27日京都地裁判決（**55**・乙山色彩工房事件）は、日本画の画材を使用した絵画制作、彫刻などの彩色及び修復、寺社等に出向き現地での絵画制作、建造物の彩色等の請負を業とする使用者が、その労働者に従事させる業務が、「衣服、室内装飾、工業製品、広告等の新たなデザインの考案の業務」にあたり、労働基準法38条の3の適用を受けると主張した事件でした。

しかし、この事件では、これが、対象業務に該当するかどうかについては判断されず、同制度の採用手続が要件を満たしていないことを理由に、その適用が否定されました。

裁判所は、専門業務型裁量労働制を採用するには、労働基準法38条の3の規定する書面による労使協定を行うことを要するだけでなく、個別の労働者との関係では、当該制度を採用することを内容とする就業規則の改定等により、そのことが労働契約の内容となるこ

とを要すると述べています。

　そして、労使協定の締結にあたり、事業場の過半数を代表する労働者を選出するための会議や選挙を行った事実もなく、結局のところ従業員の過半数の意思に基づいて労働者代表が適法に選出されたことをうかがわせる事情があるとは認められないとしました。

　さらに、就業規則について、当該制度を採用する旨の改定の前後を通じて、労働者が手に取れる状態となっていたこと、また、その保管場所が労働者に周知されていたことを裏付ける証拠はないとして、採用手続が適法に行われたことを認めることができないと判断しました。

　変形労働時間制の採用も同様ですが、少なくとも、その制度を採用する旨を就業規則に規定をすることと合わせて、過半数代表者の選出等、形式的な手続要件も軽視することなく、適切に行う必要があるといえます。

＜参考例：過半数代表者の承認のための回覧＞

回覧（過半数代表者の選出の承認について）

　平成31年度における時間外・休日労働の協定の締結にあたり、労働者の過半数代表者として、甲野一郎さんから立候補がありました。
　回覧の上、「□ 承認する」又は「□ 承認しない」にチェックして、署名又は押印してください。いずれにもチェックがない場合には、署名・押印があることにより、承認したものと判断いたします。

◎社会保険労務士の懲戒と手続規定

　筆者は、弁護士となってから社会保険労務士の懲戒規定を調べたことがあり、他の士業と異なった特徴があることに気付きました。

　例えば、弁護士は、「品位を失うべき非行」といった抽象的な規定により、弁護士のありとあらゆる行為が懲戒の対象とされています。

　それに対し、社会保険労務士や税理士は、弁護士と同じような「非行があったとき」という抽象的な規定もありますが、行政への書類作成・提出代行という業務態様から、行政への提出書類について、虚偽の記載を行った場合を懲戒の対象とするものとして規定しています。

　そのため、36協定の労働者代表の選出方法について、事実と異なる記載をしたことから、懲戒となった方も過去にいたようです。

　監督署では、届出のあった36協定について「互選」などと記載があれば通常は受付けをすることになりますが、裁判になれば、実際に互選された結果協定が締結されたかが問題とされる可能性は否定できず、その効果が無効となった場合の不利益は小さくありません。

　実体的なこともそうですが、手続についても適正に行うべきといえます。

6 休憩時間
～「休憩がなかった」と言われないために～

(1) 休憩時間に仕事をしてもらった場合

Q
休憩時間に仕事をしてもらった場合、その時間はどのような取扱いになりますか？

労働時間としてカウントされますし、その日の労働時間によっては、労働基準法に違反する場合もあります。

問題の所在

一般的には、拘束時間（始業・終業時刻）と休憩時間を定めて所定労働時間を規定することが多いと思われますが、就労日の業務の都合により、休憩時間にも業務に従事した場合の取扱いが問題となります。

【定義・趣旨等】

休憩とは、拘束時間中、労働者が権利として労働から離れることを保障されている時間のことをいいます。単に作業に従事していないだけの時間（手待ち時間）は休憩に含まれません。

そのため、残業代の裁判では、労働者から、休憩時間についても休憩が取れなかった、あるいは、手待ち時間だった等として、その

時間も労働時間であると主張がされる場合があります。

裁判例（ブザー等による休憩時間開始の合図）

　平成25年12月10日大阪地裁判決（**25**・ホンダカーズＡ株式会社事件）では、就業規則に、12時から13時及び15時から15時15分までの休憩について規定していました。その上で、12時からの休憩については、開始時刻にブザーがなるようになっていましたが、15時からの休憩については、そのような対応が取られていませんでした。

　この事件では、15時から15分間の休憩時間については、この時間に労働者が休憩していたことを裏付ける証拠がないことと合わせて、これを知らせる時報も鳴らされていなかったことが指摘され、休憩を取得できていたとは認められませんでした。

　平成25年5月22日東京地裁判決（**31**・ヒロセ電機（残業代等請求）事件）では、会社の就業規則に、休憩時間の開始と終了の時刻を規定しているだけでなく、その開始時刻と終了時刻にチャイムを鳴らして、労働者に対し、その時間が休憩時間であることがわかるようにしていたことが認められています。

労務管理のポイント

　休憩時間と労働時間の認定については、別に検討しますが、休憩時間の開始と終了について、就業規則の規定のみでなく、客観的にそのことが明らかとなるようにしておき、裁判となった場合にも、証拠として提出しやすいようにしておくことが望ましいと思われます。

　裁判となれば、おそらく、証人に供述してもらい証明することになると思われますが、時報がなること自体を就業規則に規定してお

くといった工夫があれば、なお良いかと思われます。

＜規定例＞

> 第○条　勤務時間及び休憩時間は、次のとおりとする。
> ① 勤務時間　8時から17時まで
> ② 休憩時間　12時から13時まで
> 2　前項の規定にかかわらず、会社は、業務上の必要があるときは、前項2号の時間帯を変更して休憩を与えることができる。
> 3　会社は、第1項の勤務時間及び休憩時間の開始ないし終了時刻に、従業員に対し、時報を鳴らすことにより、その開始ないし終了を知らせる。

（2）休憩時間の規定方法

Q

休憩時間について、その開始時刻と終了時刻も就業規則に規定する必要はありますか？

可能であればそうしたほうがよいと思われます。

（問題の所在）

労働条件通知書等において、「休憩1時間」といった記載も多く見うけられますが、裁判となった場合を見据えたときに、それで足りるのか、裁判所の判断に何らかの差があるのかが問題となります。

【規定】

　労働基準法では、就業規則や労働条件通知書で休憩時間を規定することが義務付けられていますが、その開始・終了時刻を規定することまでは求められていません。

　しかし、残業代が請求される裁判では、拘束時間から休憩時間を控除して、各就労日の労働時間を認定することがほとんどです。そのため、休憩時間についても、労務管理上、その開始及び終了時刻まで特定しておく必要性が高いとも思われます。

裁判例（休憩の取得が否定されたケース）

　平成25年9月11日東京地裁判決（**20**・医療法人衣明会事件）では、休憩を取得できなかったとの労働者の主張と1時間の休憩が取得できたとの使用者の主張とについて、労働者の主張のとおり、休憩は取得し得なかったと認めました。その際、裁判所は、業務の実態も認定しつつ、それに加えて、1時間の休憩時間を特定して明確に定めたことは何らうかがえないと述べて、休憩が取得できなかったと認定しました。

　業務の実態も当然ですが、休憩の時間帯が決められているかどうかも裁判所の心証に影響するものと思われます。

裁判例（休憩の取得が肯定されたケース）

　また、営業職等の場合であれば、休憩時間の開始及び終了時刻を規定することは困難だと思われます。この点、平成24年12月21日長野地裁判決（**13**・アールエフ事件）では、労働者が営業のために事業場外に出て休日労働を行った日について、そのスケジュールを会社が決めていたものではなかったことから、休憩については労働者が適宜とるべきものと述べて、1時間の休憩時間があったと判断し

ました。

　この事件では、就業規則に、休日労働における休憩の規定があったものではありませんが、使用者が休憩時間の開始と終了まで管理できない場合についても、労働者の判断で１時間の休憩を取得する旨規定しておくことが望ましいといえます。また、当該就労日については、休憩を取得した旨の報告を受け、記録として残しておくことも必要かと思われます。

＜参考例＞

```
                    休日出勤報告書

　下記のとおり、休日出勤しましたので報告します。
                         記
１　出勤日　　平成30年○月○日
　　勤務時間　９：00〜14：00
　　休憩時間　12：00〜12：30

２　業務内容
　・・・・
以上
                                      平成30年○月×日
　　　（氏名）                                      ㊞
```

7 休　日
～法定休日を特定しておいたほうが良いか？～

Q
法定休日を特定する必要はありますか？

行政解釈上は、特定することが望ましいとされていますが、必ずしも必要とされているわけではありません。

問題の所在

休日に労働させた場合、それが法定休日であれば2割5分ではなく、3割5分以上の率で計算した割増賃金の支払いが必要となるため、休日の設定が問題となります。

【定義・規定】

法定休日とは、労働基準法35条が定める、少なくとも毎週1回与えなければならない休日のことをいいます。週休2日制としている場合には、そのうちのいずれか1日が法定休日であり、他方の休日は法定休日ではない休日（法定外休日）となります。しかし、いずれが法定休日であるか特定するまでの必要はありません。

また、法定休日は、4週間を通じて4日以上と規定することもできますが、その場合、その旨及び4週間の起算日を規定しておく必要があります。

残業代が請求される裁判では、休日の労働に対して、それが法定休日であり、３割５分の割増が必要となるか、法定外休日でしかなく、２割５分の割増で足りるのかが争いになる場合があります。

裁判例（特定がある場合）

　平成26年８月26日東京地裁判決（**33**・泉レストラン事件）では、就業規則において法定休日は原則日曜日とすると規定していたため、日曜日の出勤について、いずれも法定休日労働として扱われました。

裁判例（特定がない場合）

　平成25年７月23日東京地裁判決（**15**・ファニメディック事件）では、週休２日制を採用していましたが、土曜日と日曜日が週休とされているだけでした。そのため、裁判所は、全証拠を総合してもいずれか一方に法定休日が特定されていた事実を認めることはできないとして、土日のうち一方について勤務日でない場合には、他方を出勤していても法定休日労働とは認めませんでした。

裁判例（割増率の規定で同じ効果となる場合）

　もっとも、休日を特定していなくとも法定外休日についても法定休日労働と同じ割増賃金を規定していれば、休日を特定したことと同じ結果となってしまいます。

　平成26年10月16日大阪地裁判決（**37**・ハンナシステム事件）では、土日祝日等を「休日」と規定していましたが、いずれを法定休日とするかまでは規定していませんでした。しかし、就業規則において、時間外賃金（通常の残業手当）とは別に「休日出勤手当」を規定し、その割増率を３割５分と規定していたため、いずれの休日

であっても、法定休日と同様の割増賃金が支払われる仕組みとなっていました。

裁判例 （法定休日を指定する旨の規定があったケース）

平成25年4月9日東京地裁判決（**18**・WILLER EXPRESS 西日本ほか1社事件）では、法定休日を1週間につき1日とし、法定外休日として、法定休日の他に1週間につき1日その他会社が指定する日と定めていました。

もっとも、会社は、労働者のシフト表で、いずれの日を法定休日とするか指定していませんでしたが、裁判所は、暦週（日曜日から土曜日まで）に1回休日がある場合にはその日を、2回以上休日がある場合には最後の休日をそれぞれ法定休日として黙示的に指定したと認めるのが相当であると判断しました。その上で、暦週に1回も休日がない期間について、土曜日を法定休日と見るのが相当であると判断しました。

労務管理のポイント

法定休日を特定せず、賃金規定もそれに対応するものとしていれば、結果として、1週間に1日の休日を確保することで、法定休日労働であるかどうかが争われることにはならないと思われます。

8 仮眠時間
～労働時間と評価されないためには？～

Q
仮眠時間は休憩時間にあたりますか？

仮眠時間であっても、労働時間と評価される場合には、休憩時間であるとの主張は認められません。

問題の所在

警備業などでは、勤務中に仮眠時間を設け、休憩時間として取り扱う場合があります。しかし、この仮眠時間が労働時間と評価された場合、割増賃金を支払う必要が生じる可能性があるため問題となります。

最高裁判例

業務に従事していない時間について、それが休憩時間と認められるためには、一般に、労働者が労働から解放されることを保障されていることが必要であると考えられています。

そのため、実作業を行っていない仮眠時間においても、労働者が実作業に従事していないというだけでは使用者の指揮命令下から離脱しているということはできず、当該時間に労働者が労働から離れることを保障されていて初めて、労働者が使用者の指揮命令下に置

かれていないものと評価することができるとされています（平成14年2月28日最高裁判決・大星ビル管理事件）。

> **裁判例**（休憩時間と判断されなかったケース）

平成29年5月17日千葉地裁判決（**53**・イオンディライトセキュリティ事件）は、警備業の会社における仮眠時間ついて、当該労働者の警備する店舗での警備が1名体制であり、機器類の発報時には即応することが求められており、仮眠場所は警備員控室とされ、そこを離れることは許されていませんでした。

さらに、この事件では、8か月間に当該労働者が仮眠中に緊急対応のために出動したことが少なくとも4回あったことを認めており、結論として、労働からの解放が保障されていたとはいえない（労働時間）と判断しました。

仮眠場所の設置等に問題があると思われますが、何よりも、実際に緊急対応した回数の多さから、このような判断になったものと思われます。

> **裁判例**（宿日直の許可を取得していなかったケース）

また、平成29年6月30日東京地裁判決（**54**・医療法人社団E会（産科医・時間外労働）事件）は、仮眠時間ではなく断続的な業務である産科医の当直勤務について、具体的な業務に従事しない間は自由に時間を過ごすことができ睡眠もできたが、必要が生じると入院患者の診療、分娩立合いなどの業務に従事したことを認め、労働時間と判断しました。

この事件では、当該当直勤務が、労働基準法41条3号の「監視または断続的労働」の宿日直に該当する可能性に言及しながらも、労働基準監督署長の許可を得ていなかったため、当然のことながら、

割増賃金の支払義務を含む労働時間の規制を免れることはできないと述べています。

業務の実態によって、監視断続的労働に当たるとしても、労働基準監督署長の許可を取っておかなければ、そのことを踏まえた判断がされることはまずありません。

◎法改正のきっかけ

　筆者が厚生労働省に在籍していた際、労災保険法が改正され、通勤災害における通勤の範囲が拡張され、単身赴任者の帰省等も通勤として扱うことになりました。
　そのきっかけは、単身赴任者が帰省先から赴任先の社宅へ戻る際の交通事故について、労働基準監督署長は不支給決定としましたが、裁判所が通勤と認め、その決定を取り消したことでした。
　他方、仮眠時間を労働時間と認めた平成14年2月28日最高裁判決（大星ビル管理事件）等、労働時間に関して判断した裁判例は多数ありますが、それにより、労働時間について、一つの判決を契機に、労働基準法が改正されたということはなかったと思います。
　この違いは、労働時間については、実質的な評価が必要であり、一つの判決が及ぼしうる影響には差があり、また、法改正に技術的に困難な問題が存在するからだと思われます。
　今回の働き方改革関連法では、残業規制を設けることとなりましたが、これまでに、労災として多数の過労死が認定された結果によるものといえます。しかし、それ以上のこと（例えば、労働時間管理の方法や労働時間の記録の保存義務等の法定）については、法技術的な問題もあり踏み込めなかったというのが現実だと思われますし、この改正により、「改革」というほど、労働基準行政の実務が大きく変わるようには思われません。

9 手待ち時間
～休憩時間が手待ち時間とならないために～

Q

次の作業の開始まで従業員を待機させた場合、その時間を休憩時間として取り扱うことはできますか？

A

次の作業の開始時刻を特定して、それまでの時間を自由に使うことを認めたような場合でなければ、その時間は手待ち時間として労働時間となり、休憩時間とは認められないと思われます。

問題の所在

休憩時間を設定するにあたり、実際の作業を行っていない時間（例えば、荷物の積込み・積卸しが終了するのをトラック運転手が待っている時間等）は、休憩時間として認められるかが問題となります。

【規定・趣旨】

手待ち時間とは、単に作業に従事していないだけの時間であって、休憩時間と異なり、労働者が権利として労働から離れることを保障されていない時間といえます。

そのため、手待ち時間がどれだけ長時間に及んだとしても、その

時間は労働時間ということになります。

> **裁判例**（休憩時間でなく手待ち時間とされたケース）

　平成25年10月1日東京地裁判決（**23**・東名運輸事件）は、ロケバスの運転業務を行う労働者に対して、急に入ってきた依頼にも対応できるよう会社内で待機させていた時間（最大8時間）について、手待ち時間として拘束されていたものとして労働時間と判断しました。

　平成25年10月17日大阪地裁判決（**24**・金本運送（割増賃金）事件）は、トラックの運転手について、会社が、当該労働者に対し、荷主の工場での対応について、休憩室の利用を許さず、トレーラーの車内から出ることを禁止し、車内でエンジンを切った状態で待機することを義務付けていたというものでした。また、会社は、同工場の配車係から指示が出ればこれに従うように指示しており、実際に、待機時間中に当該配車係から突発的な業務指示がされることもあったこと等が認められ、当該待機時間を労働時間と認めました。

　運転手についてではありませんが、平成27年10月22日岐阜地裁判決（**39**・穂波事件）では、労働者と使用者の間で2時間の休憩時間は争いがなく認められましたが、労働者が店舗を離れた時間について、それが休憩か手待ち時間かで争われました。しかし、労働者は、その際、店舗を離れても常に連絡が取れるような状態で、さらにそのこと自体を会社に報告しておく必要があったため、休憩時間とは認められませんでした。

> **裁判例**（手待ち時間と休憩時間の区別）

　これらの事件と同様に、平成29年6月30日東京地裁判決（**54**・医療法人社団E会（産科医・時間外労働）事件）は、実作業に従事している時間のみならず、作業と作業との間の待機の時間（手待ち時間）も労働時間に含まれると述べています。その理由について、必要に応じて直ちに実作業に従事することが義務付けられているときは、その必要が生じることが皆無に等しいなど、実質的に義務付けを否定できるような事情が存しない限り、当該時間に労働から離れることが保障されているとはいえないからだと述べています。

　そのため、この事件は、産科医の日中の勤務等が問題となったものですが、当該産科医が業務に従事していない時間数が相当数あったとしても、診療等の業務に随時従事することが期待されており、休憩時間数及び時間帯が決められていなかったことから、これらの時間は手待ち時間として休憩時間とは認められませんでした。

　また、この事件は、休憩時間と手待ち時間を区別するにあたり、次のようなことを述べており、休憩の与え方として参考になると思われます。

　「使用者が当座従事すべき業務がないときに労働者に休息を指示し又は労働者の判断で休息を取ることを許していても、休息の時間を『午後○時○分まで』『○分間』などと確定的に定めたり、一定の時間数の範囲で労働者の裁量に任せたりする趣旨でなく、一定の休息時間が確保される保障のない中で、『別途指示するまで』『新たな仕事の必要が生じる時まで』という趣旨で定めていたに過ぎないときは、結果的に休息できた時間が相当の時間数に及んでも、当該時間に労働から離れることが保障されていたとは

いえないから、あくまで手待ち時間であって、休憩時間に当たるとはいえないというべきである。」

> **コラム**
>
> ◎証明責任2
>
> 　とある監督官の行う臨検監督に、（会社側の）弁護士として同席したことがありました。その際、その監督官が是正勧告書を作成しようとしたため、「違反事実を確認しましたか？」と申し向けたことで是正勧告されませんでした。
> 　会社が健康診断自体は実施していましたが、その結果に基づき、医師の意見聴取をしていなかったことから、その監督官は、このことを違反として是正勧告しようとしたものでした。
> 　ところで、労働安全衛生法は、医師の意見聴取は、所見のある労働者について実施することを義務付けていますので、所見のある労働者が存在し、その上で、意見聴取をしていないことまで確認しなければ、違反を確認したとはいえません。
> 　会社代表者も意見聴取をしていないことを認めていましたので、監督官も是正勧告を行うつもりでいましたが、健康診断の結果が届いていなかったため、その場で、「所見」の有無までは確認できませんでした。
> 　そのため、この時は、是正勧告ではなく指導票の交付に止まりました。

10 労働基準法上の労働時間
～「労働時間」と言われないために～

(1) 定　義

Q

始業時刻前の準備の時間は、就業時間外のことなので、労働時間ではないものとして扱って良いですか？

A

所定就業時間内外を問わず、客観的に使用者の指揮命令下におかれたと評価されれば、その時間は労働時間と判断される場合があります。

問題の所在

就業時間外に行われた着替えや朝礼等、何らかの行為がある場合に、それが労働時間といえるのかが問題となります。

【定義・最高裁判例】

労働時間とは、労働者が使用者の指揮命令下に置かれている時間をいい、この労働時間に該当するか否かは、労働者の行為が使用者の指揮命令下に置かれたものと評価することができるか否かにより客観的に定まるものであって、労働契約、就業規則、労働協約等の定めのいかんにより決定されるものではありません（平成12年3月9日最高裁判決・三菱重工業長崎造船所事件）。

> **裁 判 例** （着替え及び道具を準備する時間）

　平成29年3月3日大阪高裁判決（**47**・鳥伸事件）は、始業前の着替え及び道具を準備する時間を労働時間と判断しました。
　当該事業場は、百貨店の食料品売場にテナントとして入り、鶏肉を捌き陳列スペースで販売する業務を行っていました。始業時刻は7時とされていましたが、その前までに着替え及び道具の準備をすることが必要であったため、これらに要する時間は、会社の指揮命令下に置かれたものと判断されました。
　それに対し、業務の終了後、道具の片付け及び着替えをする時間は、上記と同様に労働時間と判断されましたが、テナントから退館するまでに要した時間は、建物内の移動に過ぎないとして、労働時間とは認められませんでした。

> **裁 判 例** （移動時間）

　平成24年7月27日東京地裁判決（**6**・ロア・アドバタイジング事件）は、労働者の出張時の移動時間について、平成21年4月30日のそれについては、部下の同行と業務報告、列車による移動という行動の制約を伴うにしても、その移動中、果たすべき別段の用務を命じられていた形跡はうかがわれず、他に、具体的な労務に従事していたことを認めるに足る証拠はないとして、労働時間と認めませんでした。
　他方、同年5月13日のそれについては、納品物の運搬それ自体を目的としており、無事支障なく出張先まで納品物を運び込むことが当該出張の用向きとされていたものといえ、当該移動は、その用向きを遂行中の時間にあたり、労働時間に該当すると認めました。

裁判例（朝礼）

　平成28年4月15日大阪高裁判決（**43**・今井建設ほか事件）は、就業規則で規定された始業時刻が8時45分となっていたところ、8時から朝礼が行われていたため、会社はそれを認め、始業時刻を8時とすることについて争わず、そのとおりに認定しました。

労務管理のポイント

　以上のように、業務そのものではなくとも、着替えや道具の準備が業務に必要不可欠な行為であれば、労働時間と評価されると思われます。まして、朝礼のように、業務報告や当日の業務指示が行わ

コラム

◎開店前の準備

　ある店舗における労務管理として、使用者が労働者に対し、「社会人として開店の20分前には出勤すべき」と言い渡していながら、営業時間分の時間給しか支払っておらず、労働審判となった事件がありました。

　労働者は、20分前に出勤し、多少なりとも準備はしたようですが、実際には、開店までの時間に朝食をとったりもしていたようでした。

　しかし、使用者が、開店前の時間に労働者がどのようなことをしていたかを把握しておらず、準備にそれほどの時間を要しないとの立証も困難で、結局のところ、その時間について割増賃金の支払いを免れることはできませんでした。

　開店前の準備が必要であれば、どのような準備が必要か事前に特定し、あらかじめ所定労働時間に含めるような運用をすべきですし、準備もなく開店したとの主張をしても、認められ難いと思われます。

れるような場合は、労働時間との評価を争うことは困難と思われます。

争いにならないために、後述する固定残業手当として、これらの時間に見合った金額を支給することも考えられます。

他方で、業務と無関係な朝礼を慣習上続けているのであれば、いっそのことやめてしまうか、任意での参加であることを明確にすべきと思われます。

（2）業務開始前のラジオ体操

Q

業務とは直接の関係はありませんが、業務開始前に行うラジオ体操の時間は労働時間となりますか？

A

参加しないことで不利益を被ることなく、あくまでも任意で行うものであれば、労働時間とはなりません。

問題の所在

業務とは直接の関係はないものの、これまでの慣習で、業務開始前にラジオ体操を行うような事業場があると思われます。

このような場合、その時間も労働時間となるのか問題となります。

裁判例（任意の参加と認められたケース）

平成25年11月21日東京高裁判決（**22**・オリエンタルモーター（割増賃金）事件）は、労働者の主張する、早朝出勤して掃除をしていたこと、着替え、朝礼、朝のラジオ体操へ参加した時間について、

第2章　労働時間の設定　63

その参加は任意であり、着替えや清掃が義務付けられていたと認めるに足りる証拠はないとして、労働時間とは認めませんでした。

◎自動車部品製造工場でのラジオ体操

　筆者は、監督官として任官する直前まで、派遣会社から自動車部品の製造工場へ派遣されていました（契約書には「業務請負」と記載がありましたが、本コラムはこの点には触れません）。

　この工場では、ラインを稼働させて業務を開始する前に、ラジオ体操の曲が流れ、各部署の従業員がそれぞれの作業場所付近でラジオ体操を行っていました。筆者も、それが業務のうちだと理解し、毎日参加していましたが、とある日、降雪のため遅刻してしまい、業務の開始には間に合いましたが、ラジオ体操に参加できなかったことがありました。

　この工場では、ラジオ体操の開始される頃にタイムカードが回収され、それに間に合わなかった労働者は、総務課にその旨を申し出て、タイムカードの交付を受けて打刻する運用となっていました。そのため、筆者は、派遣労働者の身であり、初めての遅刻（？）でもあったため、恐る恐る総務課に「遅刻してすみません。」と告げてタイムカードの打刻をお願いしたところ、「間に合ってますよ。大丈夫ですよ。」と言われ、遅刻とは扱われませんでした。筆者は、その時初めて、ラジオ体操が任意であったことを理解することになりました。

　今思えば、ラジオ体操への参加を拒否する従業員もいませんでしたし、それが任意であることを知っていた従業員もいなかったと思います。ラジオ体操の開始も、7時55分という際どい時刻でした。もし労働時間かどうか争いになったとしても、この会社は、「参加は任意です。」と主張し、私のタイムカードを証拠として提出するものと思われます。

また、この事件では、実習期間中に実習の成果を発表する発表会が実施され、労働者が、それに参加した時間について労働時間であると主張しましたが、これについても、自己啓発のために、実習成果を発表する場として設定されたもので、これに参加しないことによる制裁等があったものとも認められないと述べ、労働時間とは認めませんでした。

　平成25年5月22日東京地裁判決（**31**・ヒロセ電機（残業代等請求）事件）は、休憩時間中に行われていた掃除及びラジオ体操（合計15分間）について、労働者が労働時間であったと主張したことに対して、労働者の上司と思われる証人が、掃除とラジオ体操について具体的に指示命令をしたことはないと述べました。そうしたところ、労働者自身もそのことを認めたことから、これらについて具体的な業務命令に基づくものとは認められず、休憩時間中に任意で行っていたものと判断しました。

労務管理のポイント

　ラジオ体操等を行う場合、それが直接業務とは関係がなくとも、不要な争いとならないように、労働時間として就業時間内に組み込んでおくか、あるいは、任意での参加を求めるにとどめ、参加しない場合でも不利益を及ぼさないようにしておく必要があると思われます。当然ながら、その旨について、どこかに記載しておくか、周知しておくことが望ましいといえます。

＜規定例＞

> 第○条　従業員は、始業時刻及び休憩時間の終了時刻の各時刻の5分前から会社が行うラジオ体操に参加することができる。
> 2　前項のラジオ体操は業務ではなく、その時間は労働時間ではない。
> 3　従業員は、第1項のラジオ体操に参加しないことを理由に、会社から、賃金の減額その他の労働条件について、不利な扱いを受けない。

（3）黙示の業務命令

Q

業務を行うように指示していなくとも、労働者が自らの判断で勝手に業務を行えば労働時間と判断されますか？

実際に業務が行われていれば、黙示の業務命令があったとして、労働時間と判断されることがあります。

問題の所在

労働契約では、使用者から指揮命令を受けて労務を提供することが、労働者の債務の内容となり、それにより賃金の支払いを受けることができることになります。そのため、使用者が指揮命令したわけでもないのに、労働者が自らの判断で業務を行った場合、それが労働時間となり賃金が発生するのか問題となります。

裁 判 例（黙示の業務命令を肯定したケース）

平成24年10月30日東京地裁判決（**27**・ワールドビジョン事件）

は、会社が、残業については事前申告がなされた場合にのみ時間外手当が支払われることとなっていたと主張したことに対して、出勤表から認められる時間外労働の状況に照らすと、労働者の行っていた残業は恒常的な状況にあり、会社もそのことを当然認識していたと認められると述べました。そして、そのような認識を有していたにもかかわらず、それを禁止したり抑制することなく推移した結果、そのような状態が継続していたものと認め、黙示の業務命令のもとで残業を行っていたと判断しました。

平成24年12月21日長野地裁判決（**13**・アールエフ事件）も、会社が、残業について事前申請が提出され許可を与える運用を行っていたと主張したのに対して、労働者が時間外に会社の業務を業務上の必要性に基づいて行っている以上、指揮命令下に置かれていることは明らかであると判断しました。

しかし、この事件では、裁判所は、申請と許可が必要であるとの会社の運用は別にして、労働者に対して、業務を止め退出するように指導したにもかかわらず、あえてそれに反して労働者が労働を継続したという事実があれば、指揮命令下に置かれていると評価されないといった趣旨のことも述べています。

労務管理のポイント

実質的に見て、業務そのものが行われていれば、それを止めて退社させることまでしなければ、それを黙認しているものと認められてしまいます。そして、黙示の業務命令があると判断され、その時間は、労働時間と評価されてしまいます。

ギリギリしたことをいえば、指揮命令がなければ、労働者が事業場にいる理由はありません。そのように考えれば、労働者の自主的

な判断で事業場に滞在することは、違法となる可能性も否定できません。

　そのような意味でも、業務に従事するように指揮命令しない場合には、退出を命じるなどのことをしなければ、黙示の業務命令があったと認められてしまいますので、注意が必要です。

> **コラム**
>
> ### ◎自主的に勉強していました！
>
> 　筆者が監督官であった頃、労働基準法37条違反（残業代不払）を理由に申告を受け、臨検監督に赴いたことがありました。
>
> 　労働者は、自らノートに退勤時間を記録しており、その記載は、毎日「20：00」となっていました。
>
> 　筆者は、このことを伝え、使用者にその認識の有無を確認したところ、労働時間の管理は現認して行われていたとのことであり、20時頃まで事業場に滞在していたことは認めました。しかし、使用者がいうには、仕事はしておらず自主的に勉強していただけだと言われ、労働時間ではないと主張されてしまいました。
>
> 　この点を労働者に確認したところ、業務に活かせるように事業場にある書籍で勉強していたことを認めたことや、ノートの記載が全て「20：00」となっていたことも踏まえ、違反であるとまでは判断しませんでした。
>
> 　ノートの評価は別にして、このような場合に民事裁判となれば、労働者に有利な判断となる可能性があります。理由は、労働者が、「勉強していた」と自認せずに、業務に必要なことを調べていたと主張すれば、それを覆すことは困難だと思われるからです。

11 残業の許可制
~事前申請・許可制の具体的な運用方法~

Q
残業の許可制を導入する場合、どのようにすべきでしょうか？

A
事前の申請・許可・事後の確認という手順を踏んだ上で、その都度、実際の残業時間を使用者と労働者とで確認した記録を残しておくべきです。

問題の所在

使用者は、残業の許可制をとっていたことを理由に、労働者自らの判断で許可なく残業したとしても、その分は労働時間とは認められないと主張することが考えられます。しかし、当該主張が認められない場合には、残業代の支払いが必要となるため、どのような点に注意して許可制をとるべきかが問題となります。

裁判例 （使用者の主張が認められたケース１）

平成25年５月22日東京地裁判決（**31**・ヒロセ電機（残業代等請求）事件）は、就業規則に、時間外勤務を命じる場合にはその都度、所属長が対象となる従業員の氏名、時間数及び理由を記載した会社所定の「時間外勤務命令書」に記名押印の上、事前に当該従業員に通知することを規定した上で、次のような運用により、残業時

間が管理されていたものと認めました。

- 実際の運用①
  原則16時頃、従業員に時間外勤務命令書を回覧し、従業員に時間外勤務の希望時間及び時間外業務内容を記入させて本人の希望を確認し、所属長が内容を確認し、必要であれば時間を修正した上で、従業員に対して時間外勤務命令を出す。

- 実際の運用②
  従業員は時間外勤務終了後、所定の場所においてある時間外勤務命令書の「実時間」欄に時間外勤務に係る実労働時間を記入する。

- 実際の運用③
  所属長は、翌朝、「実時間」欄に記入された時間数を確認し、必要に応じてリーダー及び従業員本人に事情を確認し、従業員本人の了解の下、前日の時間外労働時間を確定させる。

- 実際の運用④
  時間外労働時間の確定後、従業員が「本人確認印」欄に押印する。

同事件は、以上の手順で時間外労働時間が管理されていたと認め、それ以上に会社内に残っていた時間については、残業をしていたものとは認めませんでした（もっとも、実際に何を行っていたのかまでは判断してはいません）。

裁判例（使用者の主張が認められたケース２）

また、平成25年11月21日東京高裁判決（**22**・オリエンタルモーター（割増賃金）事件（控訴審））は、ICカードの記録が存在し、それにより会社内に滞在していた時間が明らかとなりましたが、課

長以上の管理職が受命者に対して残業を指示するにあたり、指示内容や指示時刻等を記載した指示書（時間外及び休日勤務指示書）に署名する方法により残業について管理運用することとされていたと判断し、それがないこと等を理由に、会社内の滞留時間をもって直ちに残業したものとは認められないと判断しました。

　この事件では、一審（平成25年５月24日長野地裁松本支部判決）が、指示書（時間外及び休日勤務指示書）がないことが、直ちに労働時間に当たることを否定するものではないとして、会社内の滞留時間をもって労働時間であると認めたのに対し、反対の結論をとったものです。

> **労務管理のポイント**

　22・オリエンタルモーター事件では、指示書がどのようなものであるか具体的に言及するものではありませんが、残業を指示する手続について、**31**・ヒロセ電機事件における時間外勤務命令書と同様に、厳格な運用をしていたものと思われます。

　いずれの事件も、おそらく、管理者だけでなく、労働者の署名が残されていたものと思われます。割増賃金の請求がされる事件は、最長２年前に遡った日以降の労働時間がどのようであったかが争われます。

　そうすると、過去の各就労日において、当事者双方で残業時間を確認し、そのことが明らかとなるように署名を残しておけば、事後的に労働時間が争われることは困難であると思われます。もっとも、手続が形骸化していたような場合には、異なる結論にもなり得ますので、注意が必要です。

第２章　労働時間の設定

第 3 章

賃金の設定

　第1章でみた割増賃金については、その基礎に含める手当が法令に規定され、1時間あたりの割増賃金の基礎となる賃金の計算方法も規定されています。

　本章では、本来自由に設定できる賃金の内容が、このような法令の制限を受けることから、その設定にあたり、それが違法・無効とならないためにどのようなことが必要かについて、裁判例から帰納的にポイントを解説することを目的としています。

1 割増の基礎となる賃金
～手当の名称等について気を付けるべきこと～

Q 労働基準法37条5項、同法施行規則21条の手当として、その名称を付しておけば、基礎となる賃金に含めなくて良いこととなりますか？

A これらの手当に該当することを理由に基礎となる賃金から除外するには、名称だけでなく、内容も、個人的事情に基づき支給されるものであることが必要です。

問題の所在

労働基準法37条5項、同法施行規則21条は、割増賃金の基礎となる賃金から除外される賃金を規定していますが、これら以外のものは控除することを認めない趣旨であると解されています。

そこで、例えば、同居の家族がいてもいなくても支給される手当について家族手当との名称を付していれば、それを基礎となる賃金から除外することができるかが問題となります。

裁判例（個人的事情か労働の対象かで判断したケース）

平成28年1月15日福井地裁判決（**41**・ナカヤマ事件）は、労働者が支払いを受ける家族手当について、給与規程に規定される扶養手当にあたるものであり、従業員が世帯主であって被扶養配偶者と同

居していることが確認された場合に限り支払われることから、労働の対償と認めることはできないとして、基礎となる賃金から除外すべきと判断しました。

他方で、この事件では、住宅手当は、各従業員の個人的事情に関わりなく支払われるものであるから、労働の対償といえるとして、除外すべきでないと判断されました。

平成28年4月12日京都地裁判決（**42**・仁和寺事件）は、役付手当及び皆勤手当について、基礎となる賃金から除外すべきとの使用者の主張に対し、その性質や内容につき具体的主張・立証がなされていないだけでなく、その呼称からうかがわれる手当の性格から推測するに、これらが労働との直接的な関係が薄く、個人的事情によってその額が左右されるものであるとは認め難いとして、除外すべきでないと判断しました。

(裁 判 例)（実費との関連性が問題となったケース）

平成25年10月1日東京地裁判決（**23**・東名運輸事件）は、住宅手当及び通勤手当は、労働者の住宅又は通勤に要する実費と支給額との関連を認めるに足りる証拠がないことから、実質的に、住宅事情や通勤費用にかかわらず支給されているものとみるべきだとして、除外すべきでないと判断しました。

また、平成24年3月23日東京地裁判決（**3**・株式会社乙山事件）は、通勤補助との名称の手当について、通勤実費と無関係に支給されるものと認め、除外すべきでないと判断しました。

労務管理のポイント

このように、裁判では、その手当の名称がどうかということは別にして、その手当の性格が個人的事情により支給の有無ないし金額が変わるものであるか、労働の対償といえるものかにより、法令の列挙する手当に該当するかどうかを判断しています。

そのため、当然のことですが、手当の支給にあたっては支給要件を定めるだけでなく、その要件を満たすかどうか、事実関係を確認した上で支給すべきと思われます。また、個人的な事情で支給する手当の名称は、やはり、法令に列挙された賃金にあたることが推測しやすいものとすることが望ましいと思われます。

コラム

◎伝家の宝刀104条の2？

労働基準法104条の2は、使用者に対し、必要な報告をさせることができると規定しています。是正報告を求めることも、これを根拠に行われているということができます。

ところで、刑事手続であれば、自白を強要することは禁止されています。そうすると、監督官が、使用者に対し、不利益な事実を調査して報告するように求めること（例えば、未払いの割増賃金額を計算して報告させること）は、自白を強要する違法（違憲）な行為といえないでしょうか。

このことについて違法（違憲）かどうかを直接判断した裁判例はないと思われますが、類似する行政実務について判断を行ったこれまでの最高裁判例からすれば、違憲とは認められない可能性が高いと思われます。

仮に、監督官の求める報告を拒めば、同条違反として、30万円以下の罰金刑が課される場合もあることからすれば、労働基準法104条の2は、監督官にとって、使い勝手の良い伝家の宝刀といえると思われます。

2 割増賃金の算定根拠
～法令と異なる計算方法を とることの可否～

Q

割増賃金の算定方法（根拠）について、労働基準法37条、同法施行規則19条等とは別に就業規則で定めることはできますか？

労働基準法37条、同法施行規則19条等の定める方法で計算される金額を下回らない限り認められます。

問題の所在

労働基準法37条等が、割増賃金の基礎となる賃金について、具体的な算定方法を規定していますが、割増率などについて、これと異なる算定方法を定めることが認められるかが問題となります。

最高裁判例

平成29年2月28日最高裁判決（**46・国際自動車事件**）は、会社が就業規則で定めた残業手当の算定方法についてその有効性が争われた事件です。

この事件では、労働基準法37条の規定について、同条は労働基準法37条等により定められた方法により算定された額を下回らない額の割増賃金を支払うことを義務付けるに止まり、使用者に対し、労働契約における割増賃金の定めを労働基準法37条等に定められた算

定方法と同一のものとし、これに基づいて割増賃金を支払うことを義務付けるものとは解されないと述べました。

そして、労働基準法37条の定める割増賃金を支払ったとすることができるかどうかについては、

> ①　それが通常の労働時間の賃金に当たる部分と同条の定める割増賃金に当たる部分とに判別することができるか否か
> ②　（①が肯定される場合に）割増賃金として支払われた金額が、通常の労働時間の賃金に相当する部分の金額を基礎として、労働基準法37条等に定められた方法により算定した割増賃金の額を下回らないか否か

を検討して判別すると述べました。

裁判例（割増率）

よく問題となるのが、割増率についてです。

例えば、平成25年4月9日東京地裁判決（**18**・WILLER EXPRESS西日本ほか1社事件）は、合意ないし就業規則等の規定の存在を認めませんでしたが、日曜日の労働について、休日労働の割増率（35％）が適用されるべきかどうかが争われました。

これは、法定休日の特定の問題とも関係しますが、割増率を労働基準法37条等の定めるもの以上の率で規定すれば、それが労働条件の内容となることから、労働者からそのような主張がなされたものでした。

また、就業規則で1日について8時間に満たない所定労働時間（例えば7時間）を定めた場合、7時間を超えて8時間までの1時間については、通常の労働時間の賃金を支払えば、割増賃金の支払

いは必要ありません。しかし、別に定められた賃金額がある場合には、それによることとなります（昭23.11.4 基発1592号）。

そのため、その時間の労働に対して、割増賃金を支払う必要はありませんが、通常の労働時間のそれを割増した賃金を支払う旨を規定すれば、それに従うこととなります。

その他、就業規則の規定する所定労働時間が法定労働時間に満たない場合、割増賃金の基礎となる賃金は当然大きくなりますが、割増賃金の算定に必要となるそれも、当該定めによることになります。

裁判例（法定労働時間に違反する合意）

反対に、労働基準法は、最低の労働条件の基準を定めるもの（同法1条）である以上、それを下回る額しか算出されない算定方法を定めることは認められません。その場合には、労働基準法37条等により規定する算定方法が労働条件となります（同法13条）。

例えば、法定労働時間を上回る所定労働時間を定めた場合について、平成25年9月11日東京地裁判決（**20**・医療法人衣明会事件）は、労働基準法32条に違反する所定労働時間の合意があったとしても、違反する部分に係る基礎賃金部分が合意された基本給の支払いによって既に支給済みであるなどということはできない、通常の1.25倍の割増賃金を支払う義務があると判断しています。

つまり、月の所定労働を200時間、基本給月額を20万円としても、割増賃金の基礎となる賃金は、200時間ではなく173.8時間（40×365÷7÷12）で計算することとなります。

第3章 賃金の設定

また、平成26年9月30日金沢地裁判決（**34**・スロー・ライフ事件）は、月平均所定労働時間で除して算出される割増賃金の基礎となる賃金額が最低賃金額を下回る場合には、最低賃金時間額によるべきだと述べています。

◎最低賃金日額の必要性

　筆者が監督官をしていたころ、未払賃金の立替払いの申請がされた事案がありました。

　賃金台帳や給料明細で未払いとなっている賃金額を確定する作業を行っていた際、完全歩合制の労働者で、採用されてから一度も給料の支払いを受けることなく、その会社が事実上の倒産（代表者行方不明）となってしまった方がいました。

　その労働者について未払賃金額の確認ができないため、立替払いができないだろうと思われましたが、当時は、1時間あたりの最低賃金額だけでなく、1日のそれも定められていましたので、出勤日数にその金額を乗じた額を未払賃金として確認しました。

　現在では、特別な産業を除いて、最低賃金は時間額だけですので、この場合、実際に稼働した時間を特定しなければ上記のような未払賃金の確認ができないことになると思われます。

　このような事件を処理してから、最低賃金の日額があることの意味を感じたところでしたが、時代の流れでしょうか、いまは時間額だけになったことを、少し寂しくも思います。

3 固定残業手当
～残業手当としての趣旨を否定されないために～

(1) 適法性

Q

　残業代を、毎月計算して支払うのではなく、あらかじめ、定額の手当（固定残業手当）として支払うことは違法となりませんか？

　労働基準法37条等の定める算定方法で算定した額を下回らない限り違法とはなりませんが、就業規則等にその旨の規定を置くなどの必要があります。

問題の所在

　経営を行うにあたり、人件費の変動が抑制されれば、必要経費の予測が立ちやすいとの理由から、残業代を定額で支払いたいとの要望があります。このような固定残業手当の支払いは、労働基準法37条に違反しないのかが問題となります。

最高裁判例等

　平成29年2月28日最高裁判決（**46・国際自動車事件**）は、労働基準法37条は、同法等により定められた方法により算定された額を下回らない額の割増賃金を支払うことを義務付けるに止まり、使用者

に対し、労働契約における割増賃金の定めを労働基準法37条等に定められた算定方法と同一のものとし、これに基づいて割増賃金を支払うことを義務付けるものとは解されないと述べています。

また、平成24年10月19日札幌高裁判決（**11**・ザ・ウィンザー・ホテルズインターナショナル事件）は、会社と労働者とが、定額払いの時間外手当として月額15万4400円の職務手当の受給を合意したことについて、企業が賃金計算を簡略化するため、毎月、一定時間までの時間外労働の対価として、時間外労働がその一定時間に満たない場合でも定額の時間外賃金を支払う旨を合意し、又は就業規則でその旨を定めることはそれ自体違法であるとはいえないと述べています。

労務管理のポイント

このように、労働基準法は、労働条件の基準の最低を規定するものですので、それを下回らない限りは、労働基準法37条の定める割増賃金として、定額の手当を支払ったとしても違法とはなりません。

もっとも、そのような定額の時間外手当（固定残業手当）の支払いが違法とならず、労働基準法37条の定める割増賃金として認められるためには、以下で述べるとおり、①当該手当が割増賃金として支払われるということ（規定の整備ないし契約内容）、②通常の労働時間の賃金の部分と、労働基準法37条の定める割増賃金の部分とが明確に区別できること（明確区分性）、③実際の残業時間に比して当該手当では不足する場合に差額が支給されていること（不足額の支給）が、一般的には、必要と解されています。労務管理においては注意が必要です。

＜規定例＞

> 第○条　定額残業手当は、所定時間外労働に対する時間外労働手当として支給する。
> 2　前項の定額残業手当が、実際の所定時間外労働時間に基づく時間外労働手当に不足する場合は、定額残業手当とは別に、当該不足額を残業手当として支給する。

（2）導入にあたっての同意

Q
　固定残業手当を導入したいのですが、どのような手続が必要ですか？

　最低限、当該手当が労働基準法37条1項の定める割増賃金として支払われるものであることを就業規則に規定し、労働者から個別の同意を得ておくことが必要です。

問題の所在

　これまで固定残業手当による割増賃金の支払いをしていなかった使用者が、当該手当を導入する場合、どのような手続を取るべきかが問題となります。

裁判例（同意の存在を認めたケース）

　平成24年9月4日東京地裁判決（**10**・ワークフロンティア事件）は、労働条件の変更として固定残業手当を導入しましたが、その際、基本給額とその中に含まれる固定割増賃金（固定残業手当）の額とが明記された労働条件通知書が示され、各労働者が署名した上

でこれを会社に提出することによってそれに同意した事実を認めることができると述べています。

これにより、固定残業手当の支払いが割増賃金としての支払いと認められました。

裁判例（同意が存在しなかったと判断されたケース）

反対に、平成28年4月15日大阪高裁判決（43・今井建設ほか事件）では、業務手当という名称で支給されていた1万5000円について、労働基準法37条の定める割増賃金に対する固定残業手当としての支払いであるとの会社の主張に対し、

> ① 会社は入社時に説明したと主張するが、労働者がそれを否定していること
> ② 給与規程には、業務手当が基準内賃金であると規定されていること
> ③ 業務手当が基準外賃金である時間外手当とは別個に規定されていること
> ④ 給与明細上、業務手当が時間外手当とは別個に記載されていること

を理由に、会社の主張を認めませんでした。

この事件では、入社時に、その旨の説明があったかどうかが問題とはなりましたが、そうならないように、労働条件通知書に同意した旨の署名を得ておくか、別に同意書を作成し、それに署名を得ておくべきです。

もっとも、②〜④のように、給与規程や給与明細の記載からすれば、そもそも、業務手当が固定残業手当として規定されているとは推定し難いため、そのような同意を得ておいたとしても、会社の主

張が認められない可能性が高いと思われます。

裁判例（就業規則の変更に伴う手続による同意を否定したケース）

　平成29年9月14日長崎地裁判決（**59**・サンフリード事件）は、会社が、就業規則を変更して、これまで支給していた物価手当等の各種手当を固定残業手当として支給したと主張したものでした。また、会社は、就業規則の変更の際に、労働者に対してそのことの説明を行い、労働者の過半数代表者が、就業規則の変更届に添付する意見書に署名押印したことにより、当該変更に同意したものとも主張しました。

　裁判所は、この就業規則の変更について、時間外労働に対応する割増賃金を失うことを理由に、労働者の不利益に労働条件を変更するものと認めましたが、労働者の過半数代表者が労働基準法施行規則6条の2第1項所定の手続によって選出された者ではないという理由から、意見書への署名押印により、同意がされたとは判断できないとしました。

　なお、裁判所は、同意がなかったと判断した他に、就業規則の変更内容について、「1か月の所定労働時間を超えて勤務した従業員に支給する割増賃金のうち、一定金額を固定残業手当として支給する。」との規定についても、支給する金額や対応する時間外労働時間数が明示されておらず、無効であるというほかないと判断しました。

労務管理のポイント

　少なくとも、給与規程（就業規則）の規定を改正する等、形式面については、固定残業手当が、労働基準法37条の定める割増賃金として支払われるものであることと矛盾しない規定を設けておく必要

があります。

　また、就業規則の変更により労働条件を変更することも可能ではありますが、労働契約法9条以下の規制があり、その点が裁判で争われれば主張立証の負担が増えることとなります。**59**・サンフリード事件が、労働契約法を理由に就業規則の変更による労働条件の変更の効力を判断することを避けていますが、訴訟手続上の負担が大きいという理由があってのことだと思われます。

　そのようなこともあり、賃金という、各労働者でその金額が異なる労働条件の変更となる点も踏まえれば、固定残業手当の導入にあたっては、個別の同意を得ておくべきといえます。

（3）固定残業手当の名称

> **Q**
>
> 　固定残業手当の名称は「時間外手当」としなければなりませんか？

　　名称について制限はありませんが、当該手当が労働基準法37条1項の定める割増賃金としての趣旨で支払われるものであることを明示し、そのことが推測されやすい名称としておくことが望ましいと思われます。

問題の所在

　固定残業手当を導入するにあたり、一見して、それが割増賃金としての趣旨で支払われる手当であるとは推測されない名称とした場合、固定残業手当と認められないかが問題となります。

【趣旨（裁判例）】

平成25年7月17日東京地裁判決（**16**・キュリオステーション事件）は、使用者が労働者に対して支払った金員が労働基準法37条の定める割増賃金に対する弁済であると認められるためには、事柄の性質上、割増賃金に対する弁済として支払われた金員が所定労働時間内（通常の労働時間）労働に対する対価と判別することができるとともに、当該金員が割増賃金に対する弁済の趣旨で支払われたことが必要であると述べています。

裁判例 （「残業手当」：弁済の趣旨を肯定）

平成24年3月23日東京地裁判決（**3**・株式会社乙山事件）は、「残業手当」との名称で支払われた手当について、代表者の供述と弁論の全趣旨によれば、文字どおり残業手当として支給する趣旨の手当であると認められると判断しました。

裁判例 （「インターン手当」「責任手当」：弁済の趣旨を否定）

それに対し、平成25年7月17日東京地裁判決（**16**・キュリオステーション事件）では、「インターン手当」等の名称で支払われた金員について、通常の労働時間に対する部分の賃金と判別することができるような形で労働者に支払われていたものと認めるに足りる証拠はなく、時間外手当に対する弁済の趣旨で支払われたことを認めるに足りる証拠もないと判断しています。

平成24年10月30日東京地裁判決（**27**・ワールドビジョン事件）は、「責任手当」が時間外手当の趣旨で支給されたとの会社の主張について、正社員雇用勤務規則によれば、責任手当は、「本人が責任感を持って一生懸命頑張っている姿が明らかになり会社の売上に

貢献する内容が明らかになった場合」に支給するとされていたことから、これが時間外手当見合いの趣旨でないことはこの文言上明らかであるとして、割増賃金の趣旨で支払われたものとは認めませんでした。

裁判例 (「当直手当」「深夜勤務手当」：弁済の趣旨を肯定)

また、深夜の時間帯は、当然として割増賃金（深夜手当）の支払いが必要となりますので、そのような業務に対する手当としての名称を付しておけば、割増賃金として支払われたものと認められやすいと思われます。

例えば、平成29年6月30日東京地裁判決（**54**・医療法人社団E会（産科医・時間外労働）事件）は、「当直手当」について当直勤務の対価の趣旨であることが明確で、日勤に係る対価とも明確に区別されているから、当直勤務に係る賃金の一部弁済として扱うべきであるとしました。

平成25年4月9日東京地裁判決（**18**・WILLER EXPRESS 西日本ほか1社事件）は、証拠によれば、労働者の宿直勤務に応じて「その他手当」又は「深夜勤務手当」を支払っていたことが認められると述べて、時間外勤務に対応する割増賃金の支払いと見ることが相当であると判断しました。

労務管理のポイント

これらの裁判例からすれば、割増賃金としての趣旨が、名称だけで肯定又は否定されるものではないとしても、どのような名称とするかという形式的なことであっても、裁判官の心証に影響がないと

はいえないと思われます。

例えば、管理監督者（労働基準法41条2号）の該当性が問題となる場合に、会社内でそのような位置付けがされていたかが、当然のこととして考慮されます。これと同様に、手当にどのような名称が付されているかによって、その実質面の判断に影響することは、当然のことだと思われます。

（4）明確区分性

Q

固定残業手当を規定するにあたり、「給与月額には、基本給のほか時間外手当を含む」と規定し、給与月額を増額することで問題ありませんか。

通常の労働時間の賃金に当たる部分と、労働基準法37条1項の割増賃金に当たる部分とが、明確に区別できる必要がありますので、それだけでは不十分です。

問題の所在

固定残業手当の導入理由の1つとして、人件費の変動を抑えることが挙げられると思われます。そうすると、給与月額の総額を固定することに他ならないので、「基本給には時間外手当を含む」と規定することで良いかが問題となります。

裁判例 （「基本給330,000円」：否定）

平成27年2月27日東京地裁判決（**38**・有限会社空事件）は、月額賃金のうち、4万1000円は割増賃金として支払われていたとの会社

の主張に対し、平成24年3月8日最高裁第一小法廷判決（**7**・テックジャパン事件）を引用して、毎月支払われる賃金のうち、一定額が割増賃金として支払われている場合には、通常の労働時間の賃金に当たる部分と割増賃金に当たる部分とを判別することができる必要があると述べました。

　そして、この事件では、会社から労働者に交付されていた給料支払明細書には「基本給330,000円」と記載されているのみであり、他に労働者の月額賃金の内訳を明らかにした書面等が存在するとは認められないと述べて、会社の主張を認めませんでした。

裁判例　（「基本給月額30万円」：否定）

　平成25年9月11日東京地裁判決（**20**・医療法人衣明会事件）は、使用者が深夜勤務を前提としたものとして月額30万円の基本給を支払っていたことから、これに深夜労働に対する割増賃金も含まれると主張したことについて、基本給月額30万円のうちのどの部分が何時間分の深夜労働の割増賃金に当たるものとして合意されているかが、明確に区分されていなければならないことは明らかであると述べました。

　そして、合意した労働契約において深夜労働が予定されているから、その割増賃金部分が当然に基本給に含まれているなどという主張は、およそ深夜労働があっても、基本給以外には割増賃金を支払わない旨を合意したから、割増賃金の支払義務がない旨を述べることと同趣旨のものに過ぎず、これを採用することができないことは明らかであるとも述べています。

最高裁判例

　平成29年2月28日最高裁判決（**46**・国際自動車事件）も、原審で

ある東京高裁判決について、本件賃金規則における賃金の定めにつき、通常の労働時間の賃金に当たる部分と割増賃金に当たる部分とを判別することができるか否か、また、そのような判別をすることができる場合に、本件賃金規則に基づいて割増賃金として支払われた金額が労働基準法37条等に定められた方法により算定した割増賃金の額を下回らないか否かについて判断せずに判決を言い渡したことについて、割増賃金に関する法令の解釈適用を誤った結果、上記の点について審理を尽くさなかった違法があるといわざるを得ないと判断しました。

なお、差し戻された平成30年2月15日東京高裁判決（**58**・国際自動車（差戻審）事件）では、明確区分性が肯定されています。

> 労務管理のポイント

以上のように、通常の労働時間の賃金に当たる部分と割増賃金に当たる部分とを判別することができることが必要ということについて、複数の最高裁判決も言及しています。そのため、これらが明確に区分されていない場合には、例外なく、割増賃金として支払われたとは認められないこととなります。

少なくとも、「基本給には時間外労働等割増賃金を含む」だけでは、明確区分性が肯定されることはないといえます。

（5）基本給に対して割合等で示す区分方法の可否

Q

通常の労働時間の賃金に当たる部分と、労働基準法37条1項の割増賃金に当たる部分とを区分するにあたり、どの程度の規定が必要ですか？

「給与月額の約3割を時間外手当とする」という程度の規定では不十分だと思われます。

問題の所在

固定残業手当を規定するにあたり、通常の労働時間の賃金に当たる部分と、労働基準法37条1項の割増賃金に当たる部分とを明確に区別できることが必要だとしても、どのように区別すべきかが問題となります。

【趣旨（裁判例）】

平成25年7月23日東京地裁判決（**15・ファニメディック事件**）は、通常の労働時間の賃金の部分と割増賃金に当たる部分の判別が必要とされる趣旨について、割増賃金に当たる部分が、労働基準法所定の方法で算定した額を上回っているかどうかを労働者が確認できるようにすることにあると述べています。

また、平成29年3月3日大阪高裁判決（**47・鳥伸事件**）は、労働契約時に、給与総額のうちに何時間分の割増賃金代替手当が含まれているかが明確にされていれば、時間外等割増賃金の支給を受けずに労働する時間が明確になっており、所定労働時間に見合う金額と時間外等労働に見合う金額を算定することができることから、この点が明確にされることでも上記の趣旨は満たされると考えられると述べています。

> **裁判例**（否定されたケース）

　しかし、平成24年12月27日東京地裁判決（**12・プロッズ事件**）は、会社が賃金月額30万円に残業50時間程度の手当相当額を含む合意があったと主張したことについて、そのような合意の存在を認めるに足りる的確な証拠はないと述べるだけでなく、仮にそのような意思の合致があったとしても、本給と明確に区分することなく「50時間程度」とのみ定められた残業手当はいわゆる固定残業代として精算の対象となることはないというべきであると述べています。

　また、平成28年1月15日福井地裁判決（**41・ナカヤマ事件**）は、採用面接の際に提示された資料について、1日あたり約2時間の時間外労働が営業手当によりまかなわれるかのような記載があるが、これらよりも厳密な記載がなされるべき雇用協定書や給与規定には、営業手当でまかなわれる時間外勤務に限定がされておらず、一貫性及び明確性に欠けると述べて、割増賃金の支払いとは認めませんでした。

　平成25年7月23日東京地裁判決（**15・ファニメディック事件**）では、賃金規定に、基本給に75時間分の時間外労働手当及び30時間分の深夜労働手当が含まれる旨の規定があることについて、この規定に従って計算することにより、通常の労働時間の賃金の部分と割増賃金の部分の区別自体は可能であるが、75時間分という時間外労働手当相当額が通常の時間外労働割増賃金だけを含むのか休日労働の割増賃金も含むものか判然とせず、契約書や給与支給明細書にもその内訳が記載されていないとして、通常の労働時間の賃金の部分と割増賃金に当たる部分の判別が必要とされる趣旨を満たしているとは言い難いと判断しました。

> 労務管理のポイント

　これらの裁判例からすれば、基本給に「○○時間分」の残業手当が含まれるという方法で特定するだけでは不十分であり、少なくとも、別の名称を付して、基本給とは区別された手当として支給することが必要といえます。

（6）計算式による区分方法

Q

　計算式を規定して、通常の労働時間の賃金に当たる部分と、労働基準法37条1項の割増賃金に当たる部分とを区分することでも問題ありませんか？

　それだけで違法だとはいえませんが、あまり複雑にすると、明確に区分されていない等と判断される可能性もあると思われます。

> 問題の所在

　労働基準法37条の定める割増賃金が、基本給と労働時間に比例することからすれば、これらを含む計算式で、通常の労働時間の賃金と固定残業手当の部分を区別することが可能か問題となります。

> 裁 判 例 （否定されたケース）

　平成26年8月20日東京地裁判決（**36**・ワークスアプリケーションズ事件）は、計算式で定義された営業手当（50時間分の時間外労働手当）について、時間外労働手当に当たる部分とそれ以外の部分が明確に区別されていなければならないだけでなく、労働基準法37条

等の算定方法により算定される時間外労働手当の額を下回る場合には、労働基準法に定める基準に達しない労働条件として無効となると述べました。

そして、

「営業手当＝理論年俸÷14×｛50×1.25÷(50×1.25＋168)｝」

と算定される営業手当について、会社の月平均所定労働時間は165.33時間であるが、当該式は所定労働時間を168時間として計算するものであり、営業手当は労働基準法に定める計算方法による割増賃金の額を必ず下回る結果となることから、営業手当の支払いによって時間外労働手当の一部支払であるとは認めませんでした。

裁判例（肯定されたケース）

平成29年2月28日最高裁判決（**46**・国際自動車事件）は、タクシーの運転手である労働者の賃金が、①基本給、②残業代、③歩合給で構成されていたところ、③の歩合給が、売上高によって算出される金額から②の金額を控除したものとして算定されるように規定されていました。

この事件では、③のような歩合給が公序良俗に反し違法とならないかが争われ、無効であるとの判断はされませんでしたが、通常の労働時間の賃金に当たる部分と労働基準法37条の定める割増賃金に当たる部分とに判別することができるか否かを検討しなければならないとしました。

そして、最高裁から差し戻された平成30年2月15日東京高裁判決（**58**・国際自動車（差戻審）事件）では、明確に区分されているものと判断され、その上で、労働基準法37条の規定する割増賃金を常に上回るように規定されていると判断されました。

> 労務管理のポイント

　36・ワークスアプリケーションズ事件では、計算式を規定して通常の労働時間の賃金に当たる部分と割増賃金に当たる部分を区別した場合に、それが明確に区別されるかどうかについて、直接判断したものではありません。しかし、計算式をあまり複雑にすると、明確区分性が否定される可能性が高くなると思われますし、また、それ以外の問題点（上記裁判例でいえば、所定労働時間を計算式に組み込む際の誤り）を孕むことになると思われます。

　いずれにしても、計算式で区別できるようにすること自体に問題があるとは思われませんが、そのようにする必要性がない限りは、あまり複雑にならないようにすべきといえます。

　なお、**58**・国際自動車（差戻審）事件では、割増賃金や歩合給の計算方法について、労働時間に応じた労働効率性を歩合給の金額に反映させる仕組みとして、合理性が是認できると判断されています。従業員の業務形態に照らし、計算方法を複雑にするだけの理由があるということだと思われます。

（7）相当時間数

Q

　固定残業手当は、何時間分の手当としておけばよいでしょうか？

　実態に合わせて設定すべきですが、多くとも、45時間（1年変形を採用した場合は42時間）までとしておいたほうが良いと思われます。

> **問題の所在**

　固定残業手当は、概ね、名称、金額及びそれに相当する時間数を規定して、通常の労働時間の賃金の部分と区別しておくことが必要であると思われますが、どの程度の時間外労働時間数を見込んで設定しておくべきか問題となります。

> **裁判例**（83時間が公序良俗違反と判断されたケース）

　平成27年10月22日岐阜地裁判決（**39**・穂波事件）は、労働条件通知書に、管理職手当の額が10万円であり、83時間相当分の時間外労働手当である旨が記載されていました。会社は、当該手当が固定残業代として支払われたものであると主張しましたが、裁判所は、労働者にそのような認識があったとしても、83時間という時間が、36協定で定めることのできる労働時間の上限の月45時間の2倍に近い長時間であり、相当な長時間労働を強いる根拠となるものであって、公序良俗に反するといわざるを得ず、これが会社と労働者との間で合意されたということはできないと判断しました。

　また、この事件では、労働条件通知書には、管理職手当について「朝9時半以前及び、各店舗の閉店時刻以後に発生するかもしれない時間外労働に対しての残業手当のみなし相当です。」との記載があり、労働者の署名押印も認められましたが、そのような時間外労働が月83時間も発生することはそもそも想定し難いものであったといわざるを得ないと判断し、当該手当を時間外労働に対する手当とすべきでないとしました。

> **裁判例**（労働基準法等の趣旨に反すると判断されたケース）

　平成26年11月26日東京高裁判決（**35**・マーケティングインフォメーションコミュニティ事件）は、給与辞令に「基本給18万5000

円」「営業手当12万5000円」との記載があり、営業手当について「時間外勤務手当8万2000円」「休日出勤手当2万5000円」「深夜勤務手当1万8000円」との内訳が記載されていたことから、営業手当が労働基準法37条の定める割増賃金の対価としての性格を有すると評価できなくもないと述べました。

　しかし、この事件では、所定労働時間と基本給から計算すれば、営業手当が概ね100時間の時間外労働に対する割増賃金の額に相当し、100時間という長時間の時間外労働を恒常的に行わせることが労働基準法等の趣旨に反することは明らかであるとしました。そして、その全額が割増賃金としての性格を有するとは解せないことから、通常の労働時間の賃金の部分と割増賃金に相当する部分を区別できず、当該手当が割増賃金として支払われたものとは認めませんでした。

裁判例 （45時間分を超える部分の合意を無効としたケース）

　平成24年10月19日札幌高裁判決（**11・ザ・ウィンザー・ホテルズインターナショナル事件**）は、月額15万4400円の職務手当について、賃金規定の計算方法からすれば95時間分の時間外労働に対する割増賃金としての手当であるとの会社の主張に対して、このように解すると、労働者が月95時間の時間外労働義務を負うことになると解されるが、このような長時間労働を義務付けることは労働基準法36条の規定を無意味なものとするばかりでなく、安全配慮義務に違反し、公序良俗に反する恐れさえあるとしました。

　その上で、この事件では、職務手当については、45時間分の時間外労働の対価として合意されそのようなものとして支払われたものと解するのが相当である（45時間を超えた分は、別途支払いを要する）と判断しました。

> **裁判例**（特別条項の存在を考慮して有効としたケース）

なお、やや特殊な判断だと思われますが、次のような裁判例もあります。

平成28年1月27日東京高裁判決（**57**・コロワイドMD事件）は、会社が時間外労働70時間分、深夜労働100時間分の対価として支給した業務手当について、月45時間を超える時間外労働をさせることは法令の趣旨に反する等という労働者の主張に対して、当該手当が時間外労働の対価として違法とは判断しませんでした。

この事件では、時間外休日労働に関する労使協定（36協定）において、特別条項が定めてあったことから、裁判所は、月45時間を超える特別条項を定めており、その特別条項を無効とすべき事情は認められないことを理由に、70時間分の時間外労働を目安としていたとしても、業務手当が違法になるとは認められないとしました。

> **労務管理のポイント**

以上のことからすれば、固定残業手当を定める場合には、特別条項を考慮した裁判例もありますが、36協定の基準を考慮して、多くとも45時間（1年単位の変形労働時間制を採用する場合は42時間）分を上限としておくべきと思われます。

また、実態として、どの程度の残業時間が生じるか、それも踏まえて設定すべきです。

＜規定例＞

> 第○条　固定残業手当は、労働基準法37条の規定する割増賃金として支給する。
> 2　前項の固定残業手当の額は、各従業員の業務実態に基づき、予想される時間外労働等の時間数を考慮して、個別に定める。

> 第○条　前条の固定残業手当が、その月の時間外労働等の時間数により算定される労働基準法37条の規定する割増賃金に不足する場合には、当該手当とは別に、不足額を支給する。

（8）基本給の減額の可否

Q

固定残業手当を新たに導入する代わりに、基本給を減額しても問題はありませんか？

割増賃金の基礎となる賃金が減額され、これまで受けられていた残業代の支払いが受けられなくなるなど、実質的な労働条件の引下げとなる場合には合理性が否定される可能性が高いと思われます。また、同意を得ていても真に自由な意思によるものとは認められず、同意の有効性が否定される可能性があります。

問題の所在

固定残業手当を導入した場合、残業時間によっては手取額が増える場合もあるため、当該手当の導入に合わせて、基本給を減らして良いものか問題となります。

裁判例 （割増賃金としての性格を否定されたケース）

平成26年11月26日東京高裁判決（**35**・マーケティングインフォメーションコミュニティ事件）は、営業手当が固定残業手当であるとの会社の主張に対して、次のように賃金体系の変更が行われた経緯を踏まえ、営業手当には、従前の基本給、住宅手当、配偶者手

当、資格手当として支払われていた部分が含まれると判断し、割増賃金の対価としての性格を有するとは認め難いとしました。

	【変更前】		【変更後】
（基本給）	20万5000円	（基本給）	18万5000円
（住宅手当）	5万円	（営業手当）	12万5000円
（配偶者手当）	1万5000円	（通勤手当）	3360円
（資格手当）	2000円		
（通勤手当）	3360円		
（小計）	27万5360円	（小計）	31万3360円
（時間外手当）	数万円		

裁判例（同意が否定されたケース）

平成27年3月13日東京地裁判決（**44**・プロポライフ事件）も、労働条件の変更により、職務手当及び役職手当が固定残業代として支払われるものとしたとの会社の主張について、賃金体系の変更が次のようなものであり、その総額に変更はないものの、基本給の額が減じられていること（割増賃金の算定の基礎となる賃金の減額を目的としたこと）等の理由から、労働条件の引下げに当たると判断し、それに対する労働者の自由な意思に基づく同意があったとは認めませんでした。

	【変更前】		【変更後】
（基本給）	35万円	（基本給）	20万8800円
（家賃手当）	3万円	（家賃手当）	1万5000円
		（家族手当）	1万5000円
		（職務手当）	11万7000円
		（役職手当）	1万1700円
（小計）	38万円	（調整手当）	1万2500円
		（小計）	38万円

労務管理のポイント

　固定残業手当は、固定で支給される手当であっても、基本給とは別の時間外労働に対する手当と認識されるものです。

　そのため、固定残業手当の導入にあたり、基本給の減額を行う場合には、それに伴う不利益（一定の時間数を超えなければ固定残業手当のほかに残業手当の支払いがされないこと及びその場合の時間単価が下がること）について十分な説明を行い、同意を求めることが必要となります。

　その上で、同意が得られないのであれば、就業規則の変更等により労働条件を変更したとしても、有効と認められることは困難と思われますし、仮に、形式的な同意を得たとしても、十分な説明がなかったと判断されれば、同意の有効性が否定され、同様の結果となるものと思われます。

＜参考例＞

同意書兼説明事項確認書

　下記1のとおり、平成30年〇月から、固定残業手当を支給するとともに、基本給月額を変更することについて同意します。
　また、基本給月額の変更及び固定残業手当の支給にともない、下記2のとおり説明を受け、上記のとおり同意したことを証して署名押印いたします。

記

1　基本給月額等の変更
　　平成30年〇月以降に支給する給与を、次のとおり変更する。
　【変更前】基本給32万円　家族手当2万円　通勤手当1万円
　　　　　　時間外等手当

　【変更後】基本給28万円　家族手当2万円　通勤手当1万円
　　　　　　固定残業手当8万2000円
　　　　　　ただし、固定残業手当は労働基準法37条の定める割増賃金として支給する。固定残業手当が実際の割増賃金に不足する場合は、不足額として残業手当を別途支給する。

2　説明事項
　　前項の変更により次の(1)及び(2)のとおり労働条件が変更されることとなります。
(1)　基本給の減額により、割増賃金の算定の基礎となる賃金が減額されること。
(2)　固定残業手当が、実際の残業時間により算定される割増賃金に不足しない限り、それとは別に残業手当が支給されることがないこと。

以上

平成30年〇月×日
株式会社〇〇　御中

（氏名）甲野太郎　㊞
（住所）東京都大田区〇〇1丁目1番1号

4 年俸制

~年俸制を採用することで残業代は抑制されるか?~

Q

年俸制を採用すれば、それに残業代も含めたものとすることはできますか。

A

可能ではありますが、年俸制そのものが残業代の支払いを免除し得るものではないので、通常の賃金の部分と、残業代の部分を明確に区別できるようにしておくなどの必要があります。

問題の所在

年俸制とは、賃金を1年単位で設定する制度であって、特に、何らかの法的根拠があって採用されるものではありません。年俸制を採用しても労働基準法等の規制は適用されることから、残業代をこれに含みうるのかどうかが問題となります。

【規定・趣旨】

固定残業代のところでも問題となりましたように、年俸の中に、残業代が含まれるとすれば、通常の労働時間の賃金に当たる部分と労働基準法37条の定める割増賃金に当たる部分とに判別することができ、労働基準法37条等に定められた方法により算定した割増賃金

の額を下回らない必要があります（平成6年6月13日最高裁判決等）。

> **裁判例**（無効とされたケース）

　平成26年8月20日東京地裁判決（**36**・ワークスアプリケーションズ事件）では、年俸額の約14分の1を基本給とし、年俸額から計算式により算出される金額を営業手当という名称で、50時間分の残業代に当たるものとして支払いをしていました。

　営業手当が計算式で定められていたことにより、裁判所は、これが通常の労働時間の賃金から明確に区分されているかどうかを問題とはしませんでした。しかし、この算定方法が、月平均所定労働時間を168時間と設定して定められたものだったところ、会社の実際の月平均所定労働時間が165.33時間であり、これでは労働基準法37条等の規定する算定方法により算出する額を必ず下回るため、労働基準法の定めた基準を下回るものとして無効と判断されました。

> **裁判例**（年間の総労働時間数で算定）

　また、年俸制の場合、年俸の14分の1の金額を基本給として毎月1回の定期賃金としての給与（年12回）と、年2回の賞与として支払う場合があります。

　この場合、割増賃金の基礎となる賃金は、年俸の14分の1が、月によって定められた賃金（労働基準法施行規則19条1項4号）に当たるとして計算されるのではなく、年俸全体を、月週以外の一定の期間によって定められた賃金（同規則19条1項5号）として賞与も含めた額を年間の総労働時間で除することとなります（平成12年3月8日基収第78号）。

　そのため、平成29年6月30日東京地裁判決（**54**・医療法人社団E

会（産科医・時間外労働）事件は、年俸1830万円（毎月25日に130万円を、毎年7、12月に賞与としてそれぞれ130万円を支払う）の労働者の残業代を算出するにあたり、当該年俸額を1年間の所定労働日数と1日の法定労働時間で除して算出しました。

> 労務管理のポイント

　以上のことからすれば、年俸制を採用したことにより、オートマティックに残業手当が抑制されるという関係にはありません。

　そもそも年俸制は、従業員の仕事の成果や能力を1年単位で評価して翌年の給与に反映することにより、給与の増減を比較的柔軟に行う代わりに、年間の人件費の変動を抑えることを目的として導入される場合が多いと思われます。他方で、年俸制を採用しない月給制の場合には、成果や能力が給与の増減にすぐに反映されるものではなく、勤続年数等も考慮要素とされ、短期的な評価は、年2回の賞与や手当として反映される給与形態が多いと思われます。

　そのため、年俸制を採用しなくとも、年間の総所得（人件費）は念頭に起きつつ、月額の基本給（通常の労働時間の賃金に当たる部分）と、それと区別された固定残業手当を規定し、賞与については業績に応じて基本給1月分程度を支給するという労働条件とし、給与改定の時期を年1回としておくなどの工夫により、一応は、年俸制を採用した場合と同等の効果が得られると思われます。特に、固定残業手当を適正に導入しておくことがポイントとなるかと思われます。

　どうしても年俸制を採用したいのであれば、働き方改革で認めら

れることとなる高度プロフェッショナル制度か管理監督者に該当しない限りは、別に残業代を支払うこととして、そのための1年間の予算を組んでおくべきです。年俸制が採用される従業員は、元々の給与額の水準が高い場合が想定されますので、残業代の支払を要する場合に、そのための原資を想定しておかなければ、不測の事態を招くことにもなりかねないと思われます。

◎東京100に対して福井1

　監督官2年目（平成14年度）の頃、福井県のとある企業から、電話で、年俸制を採用した場合、それに残業代を含めて良いかという問合せがあったことを覚えています。
　その時の電話での対応としては、具体的な年俸の設定が不明であるため、明確には答えられないと留保した上で、それに残業代が全て含まれると解することは困難だと思われますと答えたことがありました。
　ところで、福井局に採用された頃、とある上司から、東京都の経済等の規模を100とした場合、福井県のそれは1となることを教えられました。そのため、行政として、システムの導入等新たな試みを行う場合、東京と福井で試験的に行ったことがあるということでした。
　客観的なデータ等で検証したわけではありませんが、私がこのような問合せを1件受けていた頃に、東京では、年俸制について、すでに100件の問合せがされていたのかと想像するところです。

5 歩合給・出来高払制
～歩合給と残業代との関係は？～

Q

歩合給（出来高払制）については、残業代も含まれていると考えられますので、別に、時間に応じた残業代の支払いをしなくとも違法となりませんか？

A

歩合給について、割増賃金の基礎となる賃金の算定方法を労働基準法37条等が規定していますので、歩合給に加えて、それにより算定される割増賃金を支払う必要があります。

歩合給について、割増賃金も含めて支給する場合には、通常の労働時間の賃金の部分と明確に区別できなければ、それにより残業代が支払われたものと認められない可能性があります。

問題の所在①

出来高払制は、所定労働時間だけでなく、残業時間を含めた総労働時間における業績を評価したものといえますので、残業時間に対する手当をどのように考えるかが問題となります。

【規定】

労働基準法施行規則19条1項6号は、出来高払制その他の請負制

によって定められた賃金の、割増賃金の基礎となる賃金の計算を規定するものです。

　考え方としては、出来高払制による賃金は、総労働時間の成果により決まることとなりますので、総労働時間を分母として基礎となる賃金を算定することとしています（出来高払制による賃金とは別に、時間外労働時間に対して割増部分（25ないし35％）だけ支払いをすれば良いことになります）。

　なお、それとは別に基本給等、出来高によらない手当があれば、その手当に応じた割増賃金の支払いが必要になります。

裁判例 （規則19条１項６号の適用を認めたケース）

　平成25年12月10日大阪地裁判決（**25**・ホンダカーズＡ株式会社事件）は、粗利益額の計画目標等を達成した場合に支給されるファイトマネーないしアドバイス奨励金との呼称の手当について、これらは、一種の出来高払制の賃金として労働基準法施行規則19条１項６号に基づき割増賃金を算定すべきであると述べています。

問題の所在②

　では、基本給と出来高払制で賃金を構成したときに、実際の時間外労働等の時間に応じて労働基準法37条等の定める割増賃金を支払うこととし、出来高払の部分については、業績に基づき算出された金額から割増賃金を控除した金額として規定することは認められるのでしょうか。

最高裁判例

　平成29年２月28日最高裁判決（**46**・国際自動車事件）は、労働基準法37条が、労働契約における通常の労働時間の賃金をどのように

定めるかについて規定していないことを理由に、労働契約において売上高等の一定割合に相当する金額から同条に定める割増賃金に相当する額を控除したものを通常の労働時間の賃金とする旨が定められていた場合に、当該定めに基づく割増賃金の支払いが同条の定める割増賃金の支払いといえるか否かが問題となり得るものの、当該定めが当然に同条の趣旨に反するものとして公序良俗に反し、無効であると解することはできないと判断しました。

この事件は、賃金が、①基本給、②残業代、③歩合給で構成されていたところ、③の歩合給が、売上高によって算出される金額から②の金額を控除したものとして算定されるものとして規定されていました。

そのため、売上高が同じであれば、残業をしてもしなくても賃金の総額が同じ金額となるため、労働基準法37条の趣旨に反するかどうかが問題となりました。

この事件では、上のように述べ、それだけで公序良俗に反して無効となるとはいえないものの、労働基準法37条の割増賃金を支払ったと認められるかどうかは、通常の労働時間の賃金に当たる部分と労働基準法37条の定める割増賃金に当たる部分とに判別することができるか否かを検討しなければならないとしました。その結果、高等裁判所でこの点を審理し直すよう差し戻しました。

差戻後の平成30年2月15日東京高裁判決（**58**・国際自動車（差戻審）事件）では、明確に判別できると判断した上で、労働基準法37条の趣旨に反するものではなく、公序良俗に反し無効ではないと判断しました。

裁判所は、歩合給について、成果主義に基づく賃金であるから、労働の成果に応じて金額が変動することを内容としており、労働の成果が同じである場合、労働効率性を評価に取り入れて、労働時間

の長短によって歩合給の金額に差が生ずるようにその算定過程で調整を図ることは不合理なことではないと述べています。また、この事件では、残業代が歩合給を上回っても、歩合給以外から不足分を控除するといった取扱いはせずに、歩合給を零円にするにとどめていることが確認されています。

裁判例（歩合給に関する賃金規定を無効としたケース）

なお、**46**・国際自動車事件と同様な歩合給を規定していた事件について、労働基準法37条の趣旨に反して、そのような賃金規定が無効だと判断した裁判例があります（平成23年 7 月25日札幌地裁判決）。

賃金規定の詳細は明らかではありませんが、その理由として、歩合給が、時間外及び深夜の労働を行った場合に、そのことによって増額されるものではなく、場合によっては歩合給が減額することすらありうる等のことを挙げ、その実質において労働基準法37条の趣旨を潜脱するとしています。

コラム

◎許可基準

　先日、とある社会保険労務士の方が断続的な宿日直の許可申請を行ったところ、担当の監督官から、「不許可となるため、取下げをしないか」との申出があったそうで、それについて、どのように対応したら良いか相談を受けました。

　ご相談の件は、通常の業務の依頼が、夜間に電話で来ることがあるため、それへの対応のために、宿日直の許可を取りたいとのことでした。依頼の電話は、あっても１日１本程度で、ただ、それがいつあるかが決まっていないため、宿日直で対応したいとの希望があってのことでした。

　ご存知のことと思いますが、監視断続労働に限らず、労働基準監督署長の行う各種の許可については、労働基準法解釈総覧等に掲載のある、通達に示された許可基準に基づいて、その判断がされています。通達自体は、とても古いものばかりですが、現在もその基準が生きており、実際に運用されているはずです。

　そのため、ご相談の件は、昭22.9.13発基17号、昭63.3.14基発150号に示された許可基準からすれば、勤務の態様が、「非常事態に備えての待機等を目的とするもの」との基準を満たさないことから、不許可になるだろうとのことでした。最終的には取り下げはしなかったそうで、果たして、不許可となったそうです。

　なお、ご相談くださった社会保険労務士の方は、無理は承知でチャレンジをしたとのことです。無駄なことを、との批判もあるかもしれませんが、個人的には、そのような姿勢に対して敬服の念を払いたいと思います。

第4章

具体的な労務管理及び裁判における事実認定等

　どのように労働時間と賃金を規定していても、紛争となり裁判所にその解決が持ち込まれれば、そこでの判断に従わざるを得なくなります。

　そこで、裁判所で、労働時間や賃金に関する争いについてどのような判断がされるのかを、裁判例を通じて確認していきます。

1 労働時間
～残業代が請求される裁判の最大の争点～

(1) タイムカードにより労働時間が認定される理屈

Q
タイムカードは出退勤の時間が記録されるだけですが、なぜ、それが労働時間となるのですか？

A 労働者が事業場にいれば、特段の事情がない限り、その時間は労働していたと推定されるからです。

問題の所在

タイムカード上に打刻された時刻は、その時刻にタイムカードをレコーダーに通したということしか示さないものといえますが、タイムカードがあれば、それにより労働時間が認められる場合がほとんどです。その理屈がどういったものかが問題となります。

裁判例 （就業場所での打刻）

平成24年5月16日東京地裁判決（**4**・ピュアルネッサンス事件）は、タイムカードについて、就業場所において打刻されるものであるから、タイムカードで打刻された時刻に、労働者が就労場所にいたこと、タイムカードに打刻された出勤時間と退勤時間の間、労働者が使用者の指揮命令下にあり、労務を提供していたことが一応推

認できると述べています。

　平成29年1月30日津地裁判決（**52**・竹屋ほか事件）は、タイムカードではありませんが、GPSにより労働時間管理が行われていた労働者について、それにより記録される出社時刻ないし開錠時刻をもって始業時刻と認めました。
　この事件でも、GPSによりその時の位置情報が特定されるため、「出社時刻＝GPSにより就業場所にいたと確認できる時刻」ということから判断したことになります。

裁判例 （労働時間管理の目的での使用）

　平成26年9月30日金沢地裁判決（**34**・スロー・ライフ事件）は、使用者がタイムカードによって労働時間を管理していた場合には、これと異なる認定をすべき特段の事情が認められない限り、タイムカードに打刻された時刻に従って、労働者の労働時間を認定するのが相当であると述べています。
　そして、この事件では、使用者が労働者に対し、出退勤時にタイムカードを打刻させ、それが継続して行われていました。また、事業場では、それ以外に労働時間を把握する方策を取っていなかったため、使用者がタイムカードによって労働者の出退勤の事実を確認するだけではなく、労働時間を管理していたものと認め、タイムカードにより労働時間を認定しました。
　なお、この事件では、使用者がタイムカードでは労働時間管理を行っていないとの主張をしたのかどうか明らかではありませんが、客観的事実（タイムカードの使用状況）からすれば、そのような主張は認められがたいと思われます。

> **労務管理のポイント**

　以上の裁判例からわかるとおり、労働者が事業場に滞在する時間が明らかとなれば、特段の事情のない限り、その時間は労働時間であると推定されることとなります。そして、その時刻がタイムカードにより記録され、労働時間管理がそれにより行われている（労働時間管理の目的で使用されている）となれば、タイムカードから労働時間を認定することも当然といえます。

　もっとも、タイムカードから労働時間を直接証明することはできませんので、「特段の事情」と述べているように、それを覆す客観的で合理的な証拠があれば、異なった判断となります。

（2）タイムカードにより認定されない場合

> **Q**
> 　タイムカードがあっても、それによる労働時間の認定が覆される場合はどのような場合ですか。

　事例が乏しく、どのような場合に覆されるかはケース・バイ・ケースですが、タイムカード以外で労働時間を把握・管理している場合でなければ難しいと思われます。

> **問題の所在**

　多くの裁判例は、タイムカードから、「特段の事情」のない限り、その時間について労働していたと推定すると述べていますが、どのような場合に、特段の事情があると判断されるのかが問題となります。

> **裁 判 例**（別の資料により時間管理がされていたと判断された
> ケース）

　平成25年5月22日東京地裁判決（**31**・ヒロセ電機（残業代等請求）事件）は、労働者が入退館記録（タイムカード様のもの）に打刻された入館時刻から退館時刻までの間、事業場にいたことを認めた上で、一般論としては、労働者が事業場にいる時間は、特段の事情がない限り、労働に従事していたと推認すべきと考えられると述べました。

　しかし、この事件では、福利厚生の一環として会社設備の利用を認めていたことや、入退館記録ではなくそれ以外の資料により労働時間が管理されていたとして、特段の事情を認め、事業場にいた時間（入退館記録に記録された入館時刻から退館時刻まで）が労働時間であるとは認めませんでした。

　具体的には、入退館記録の使用目的について、警備・安全上の理由から行うものとされており、就業規則においても、業務の開始・終了時ではなく、入館時及び退館時に打刻するように規定されていました。

　さらに、時間外勤務を命じる場合には、その都度、所属長が対象となる労働者の氏名、時間数及び理由を記載した会社所定の時間外勤務命令書に記名捺印の上、労働者に通知することとなっていました。このことは、就業規則でも規定され、そのとおりに運用されていたと認定されました。

　その上で、翌日には、時間外勤務命令書で時間外労働時間を確定し、労働者がそれを認める趣旨で押印をしていたことが認められています。

> **裁判例**（作業実態との差異に基づき一部否定されたケース）

　平成28年5月30日東京地裁判決（**45**・無洲事件）は、作業の実態から、タイムカードの一部しか残業があったとは認めなかったものです。

　この事件では、タイムカードの打刻時刻について、実労働の存在を推定するものではあっても直接証明するものではないから、所定の始業時刻及び終業時刻の範囲外の時間については、証拠関係に照らし、タイムカードの打刻時刻に対応するような実作業が存在したことについて疑問があるときは、証拠上認められる限度で実労働時間を認定することとしています。

　その上で、この事件では、委託を受けた社員寮内の食堂での勤務時間が問題となったものでしたので、夕食の営業が終了してから30分間程度の時間を潰すことはあったとしても不自然ではないと判断しましたが、1時間を要する作業があったとは考えにくいとして、終業時刻は、タイムカードに残された時刻とは異なり、午前0時30分を限度に認定しました。

　これは、タイムカード以外の方法で労働時間を把握・管理していたものではありませんが、労働者の行う作業が、就労日によって大きく異なるものではないルーティン作業であったことから、このような認定が可能となったものと思われます。

> **裁判例**（タイムカードを超える時間の認定）

　平成24年12月27日東京地裁判決（**12**・プロッズ事件）は、反対に、タイムカードの記載よりも多くの労働時間を認定したものです。

　この事件では、使用者がタイムカードによって労働時間を記録、管理していた場合には、タイムカードに記録された時刻を基準に、

出勤の有無及び労働時間を推定することが相当であると述べています。

その上で、この推定は事実上のものであるから、他に、より客観的かつ合理的な証拠が存在する場合には、当該証拠により出勤の有無及び労働時間を推定することが相当だと述べています。

そして、労働者の従事する業務がパソコンを使用して行うグラフィックデザイン作業であったため、パソコン内に残されたファイルの更新時刻等により、タイムカードよりも遅い終業時刻が認定されています。

労務管理のポイント

タイムカードであっても、それが絶対ということにはなりません。もっとも、使用者が、それよりも短い労働時間であったと主張するのであれば、そのことが明らかとなるだけの別の方法による労働時間の管理を行う必要があります。例えば、上記の31・ヒロセ電機事件のように、毎日、残業時間を労使双方が確認して確定するような方法です。

また、立証という観点からすれば、**31**・ヒロセ電機事件のように、記録を残しておくことが重要です。**45**・無洲事件のように、業務の実態とそれに要する時間を立証しようとすれば、証人尋問など手間がかかることになりますし、定性的な（数字では表せない）判断材料しか提供しえず、裁判所に対しても困難な認定を求めることとなってしまいます。

反対に、**12**・プロッズ事件のように、タイムカードがあったとしても、その他に、当該労働者の労働時間と結びつくより客観的な資料があれば、それ以上の労働時間が認定される可能性もあります。タイムカードにより労働時間管理を行う場合であっても、各就労日

の打刻を、事後的に労使双方で確認し、確認したことを記録に残すぐらいのことは行っておくべきと思われます。

◎時刻を認定する資料は時刻の記録のみか？

　労働事件とは関係のない刑事裁判での話ですが、検察官の請求した証拠のうち、110番通報の記録を証拠とすることに同意しなかったところ、裁判官から、犯行時刻の認定に必要となるから同意するよう求められたことがありました。

　その記録は、110番通報のあった時刻が記載されたものであり、被害者等の供述からすれば、その頃に犯行が行われたことが認められるものでした。

　残業時間が問題となる民事事件では、比較的簡単に労働時間ないし始業・終業時刻が認定されますが、この裁判官の行動からも、刑事事件では、客観的な時刻についての記録がなければ時刻を認定することは困難だと思われます。そうすると、労働基準法違反の刑事事件において、タイムカードがそれだけの信用性を有していると評価できる場合というのは、かなり限定的な場面ではないかと思われます。

（3）タイムカード設置の目的

Q

タイムカードを設置していても、それにより労働時間を管理していないとの主張は認められますか？

A

タイムカードがあるにもかかわらず、労働時間管理を目的としていないという主張は、他の方法で労働時間を管理しているような場合でなければ認められ難いと思われます。

問題の所在

タイムカードにより労働時間を認定する裁判例の多くは、タイムカードを設置していた理由として、労働時間管理の目的があったと述べています。そのため、使用者が、タイムカードの設置理由は労働時間管理の目的ではなかったと主張した場合、そのような主張が認められるのかが問題となります。

裁判例 （労働時間管理の目的を肯定したケース）

平成26年3月26日東京地裁判決（**30**・医療法人社団明芳会（R病院）事件）は、就業規則等により、出勤及び退勤の際にタイムカードを打刻することを義務付け、打刻漏れがあったときは所属長の承認印を速やかにもらうことを明記していることから、労働者の勤怠をタイムカードにより管理していたものと認めました。

平成25年12月20日大阪地裁判決（**29**・新富士商事事件）は、特に理由を付することなくタイムカードで労働時間が管理されていたと

しています。

　この事件では、労働者が出社時及び退社時にタイムカードを打刻し、上司が毎月タイムカードに打刻漏れがないかを確認した上で、全従業員のタイムカードについて代表者の確認を得ていたこと等の事実が認められています。

　平成25年4月9日東京地裁判決（**18**・WILLER EXPRESS 西日本ほか1社事件）は、労働者についてタイムカードによって時間管理がされていなかったとの会社の主張に対して、当該労働者の勤務時間が事務所交番表により予め指定されてはいましたが、当該労働者のタイムカードの記載内容を定期的に確認し、それにより宿直手当ないし深夜勤務手当を支払っていたことから、タイムカードにより労働時間が管理されていたと認めました。

　平成24年7月27日東京地裁判決（**6**・ロア・アドバタイジング事件）は、タイムカードは健康管理のために設置していたものであって、出退勤時刻や労働時間の規制・管理を目的とはしていないという会社の主張に対して、当該労働者の時間外労働時間数が、ほとんど毎月100時間を超えているにもかかわらず、時間外労働時間数を減少させるための具体的方策を講じたことがなかったことから、これが健康管理目的であったとは認めませんでした。
　その上で、この事件では、会社が労働者に対し、出勤し業務を開始する直前と、業務終了直後にタイムカードを打刻するよう指導するとともに、各月末に自己のタイムカードの打刻内容を確認し、これに必要事項を直筆により記載し自ら押印させていました。そして、そのタイムカードを総務部に提出して会社の確認を受けることを事実上義務付けていたことを認めました。

さらに、直行直帰する場合には出退勤時刻と行き先を、未打刻が生じた場合にはその理由を、休日出勤の場合には出退勤時刻と業務内容等を直接タイムカードに記載する扱いになっていたことを認めました。
　以上のような事実から、タイムカードにより労働者の労働時間管理が行われていたものと認めました。

労務管理のポイント

　平成25年5月22日東京地裁判決（**31**・ヒロセ電機（残業代等請求）事件）のように、①タイムカードを設置する理由を明確にするとともに、そのための取扱方法を就業規則等に規定し、②タイムカード以外の方法による具体的管理方法を規定し、③実際に当該方法で労働時間を管理するという厳格な運用ができていなければ、「タイムカード」がある以上、労働時間管理を目的としているものと判断されるものと思われます。

　また、「目的」というのは、物理的にその存在を認識し得るものではありません。以上で見た裁判例からもわかるように、会社でどのようにタイムカードが使われているかという客観的な事実から推定されるものです。タイムカードで労働時間管理を行わないのであれば、意味もなく設置・使用すべきではありませんし、仮に、何らかの理由（例えば、警備上のためなど）で設置して使用せざるを得ない場合には、誤解を招くような使用は控えるべきです。

　31・ヒロセ電機事件では、タイムカードについて、遅刻出勤時の参考情報として使用された事実があったようで、労働者からはそのことから労働時間管理の目的が認められるとの主張がされています。最終的にはその主張は認められませんでしたが、「目的」は物理的に認識し得ないため、裁判所の判断に委ねられることとなりま

す。誤解を与えないよう気を付けるべきです。

◎ハローワークへの提出目的での使用

　筆者が弁護士となってからですが、会社が、労働者からタイムカードを証拠として提出され、残業代の請求を受けた事件がありました。
　会社の代表者は、タイムカードで労働時間を管理していたという認識がなく、そのとおりの労働時間が認定されることに、かなり困惑していました。
　それでは、何の目的でタイムカードを使用していたかというと、労働者が退職した場合、離職証明書をハローワークに提出しますが、その時にタイムカードの提出を求められるため、そのために使用していたとのことでした。
　この事件では、タイムカードとは別の方法で労働時間を管理していたわけではありませんでしたので、「タイムカードをハローワークに提出するためだけに使用していた」と主張したとしても、裁判所が労働時間管理の目的で使用していたと判断することもやむを得ないと思われます。

（4）タイムカードの信用性

Q
　タイムカードに手書きの部分があると、その客観性は損なわれ、労働時間を認定しうるだけの信用性がないと思われますが、この場合、どのように判断されますか。

　手書きの部分について信用性が認められない可能性はありますが、それを理由に、タイムカード全体の信用性を否定することは難しいと思われます。

問題の所在

　タイムカードは、労働時間管理の目的で使用され、その記録に客観性があるため、裁判所に労働時間を認定する資料として信用されるものといえます。そうすると、タイムカードに手書きで時刻が記載されているような場合には、信用性がなく、これにより労働時間が認定し得ないのか問題となります。

裁判例 （全体の信用性を否定することまではできないとしたケース）

　平成24年9月4日東京地裁判決（**11**・ワークフロンティア事件）は、タイムカードといえども、打刻された始業・終業時刻が完全に正確であるとまではいえないことは当然であるが、労働者本人による機械的な打刻を前提とする点で相応の正確性・客観性を有するものと認められると述べました。しかし、労働者のタイムカードの中には打刻忘れの場合等について手書き入力がされた部分があり、そ

の場合の正確性に問題があることはそのとおりであるとしても、そのことから、タイムカードの打刻時刻の信用性全体を否定することまではできないというべきであると述べました。

平成25年4月9日東京地裁判決（**18**・WILLER EXPRESS 西日本ほか1社事件）は、労働者のタイムカードには、手書きによる記載が散見されるため信用性がないという会社の主張に対して、単なる打ち損じを書き直したとするには疑問がある部分も存在することは認めつつも、タイムカードの記載は手書き部分を含めて勤務表と概ね矛盾しないことや、手書き部分の多くが打刻忘れや出張により打刻できなかった等の理由を認め、全体として実態に沿ったものと認めました。

労務管理のポイント

例えば、タイムカードに記載された時刻の全てが手書きであれば、その正確性を担保するだけの措置（例えば、管理者が確認して押印するなど）がなければ、タイムカード全体の信用性が否定され得ると思われます。

しかし、現実的には、タイムカードに手書きの時刻があっても、1枚のタイムカード上の数日分がそのようになっていることがほとんどだと思われます。その場合には、その部分の信用性のみが問題とされるにとどまり、全体として信用し得ないと主張しても、主張が認められるのは困難であると思われます。

> コラム
>
> ### ◎タイムカードの信用性を否定する具体的な理由
>
> タイムカードは、①就業場所にレコーダーが設置されていること、②タイムカードが特定の個人に割り当てられていること、③レコーダーに通されて機械的に打刻されること等により、労働時間を認定する資料になり得るものといえます。上記の裁判例で問題とされた信用性は、③についてそれが満たされていないために客観性がかけるということを理由としてのことです。
>
> 筆者が監督官だった頃、②の点で問題となった事案がありました。具体的には、とある一人の労働者が、数人分のタイムカードを打刻していたというものでした。この場合、そのようにした理由がなんであったかは問題となりますが、②の点を満たさないという理由で、タイムカードの信用性が問題となるものと思われます。
>
> タイムカードの信用性を争うのであれば、抽象的な理由で信用できないというのではなく、どのような理由で信用できないかを、具体的な事実とともに主張しなければ、認められることは困難と思われます。

（5）タイムカードと始業時刻

> **Q**
> 所定始業時刻前にタイムカードの打刻があると、その時刻を始業時刻として、労働時間が認定されますか？

始業時刻については、タイムカードがそれより前に打刻されていても、比較的、所定始業時刻を始業時刻と認定する場合が多いと思われます。

問題の所在

事業場に滞在した時間は労働時間と推定される、というタイムカードにより労働時間を推定する考え方からすれば、所定始業時刻よりも前に打刻があれば、実際はそうでなくとも、その時刻から業務を開始したと推定されてしまわないか問題となります。

裁判例（所定始業時刻を業務開始時刻としたケース）

平成25年2月28日東京地裁判決（**14**・イーライフ事件）は、タイムカードにより出勤時刻が残されていたところ、所定始業時刻である9時以降の打刻についてはその時刻から、9時以前の打刻については、通常は使用者の指揮命令に置かれていたと評価することはできず、特段の事情が認められない限り、所定始業時刻をもって業務開始時刻と認めるのが相当であるとしました。

平成27年2月27日東京地裁判決（**38**・有限会社空事件）は、タイムカードに記録された出勤時刻のうちの大半が8時45分前後であっ

て9時を過ぎている日が一度もないこと、他の労働者が9時から業務を開始していることから、労働者が9時を意識して出勤していたことは明らかであるとして、始業時刻を9時と判断しました。

　平成26年12月25日京都地裁判決（**43**・今井建設ほか事件（一審））は、就業規則上、所定始業時刻は午前8時45分となっているものの、水曜日を除き、午前8時から全員参加の朝礼があったこと及びそれに引き続きミーティングが行われていたことから労働者の始業時刻を8時と認めました。しかし、それ以前に業務の準備を超えて業務自体に従事していたとは認めませんでした。

　平成25年12月10日大阪地裁判決（**25**・ホンダカーズA株式会社事件）は、労働者のタイムカードの出勤時刻の打刻について、午前8時30分より早いものがあったことについて、会社代表者が8時30分より前の作業開始や開錠を禁止していたことを認め、当該労働者の始業時刻を8時30分と認めました。

> 労務管理のポイント

　残業代の支払いを求め労働時間が争われる場合は、終業時刻が問題となる場合がほとんどです。裁判において、所定始業時刻が始業時刻であると主張し、その根拠として示すことができるよう、規定を整備するだけでなく、それ以前の労働を禁止する旨を、労働者に周知しておくなどしておけば、裁判で主張が認められやすくなると思われます。

＜規定例＞

> 第○条　従業員は、所定始業時刻より前に、業務を行ってはならない。ただし、所定始業時刻より前に業務を行う必要があり、所属長の許可がある場合、又は所属長の許可を得られないことについてやむを得ない事由がある場合はこの限りでない。
> 2　所定始業時刻より前に業務を行う必要がある従業員は、その日の前日までに、所属長に申請の上、前項の許可を得なければならない。
> 3　所属長は、前項の申請がなされたときは、その必要性に基づき、許可・不許可の判断をしなければならない。
> 4　第１項ただし書の許可がないにもかかわらず、所定始業時刻よりも前に業務に従事した場合、その時間は労働時間でないものとみなす。ただし、所属長の許可を得られないことについてやむを得ない事由があったと認められたときはこの限りでない。

（6）PC内の情報

Q

タイムカード以外に、労働時間を認定する資料としてどのようなものがありますか？

パソコンの中に残されている情報をもとに、労働時間を認定した裁判例があります。

問題の所在

タイムカードがなく、それ以外にも労働時間を管理するための資料が残されていない場合、労働時間を認定し得ないのか問題となります。

> **裁判例**（パソコン内に残されたメール送信時刻等で認定したケース）

　平成24年12月27日東京地裁判決（**12**・プロッズ事件）は、グラフィックデザイナーの労働時間について、会社にはタイムカードがありました。そして、使用者がタイムカードによって労働時間を記録・管理していた場合には、それを基準に労働時間を推定することが相当であると述べながら、この推定は事実上のものであるから、他により客観的かつ合理的な証拠が存在する場合には、それによることが相当であると述べました。

　その上で、この事件では、労働者のパソコン上のデータ保存記録をもとに、始業時刻はその日の最初のデータ保存時刻から2時間遡った時刻に出勤していたものと認定し、終業時刻については、最終のデータ保存時刻又はメール送信時刻をもって、退勤時刻と認定するなどしました。

　平成26年8月20日東京地裁判決（**36**・ワークスアプリケーションズ事件）は、終業時刻について、労働者が就労時間を自己申告する勤務実績管理に基づき認定すべきだとする会社の主張に対し、会社が労働者に対して日報メールの送信を義務付けていたことから、そのメールの送信時刻をもとに、終業時刻を認定しました。

> **労務管理のポイント**

　パソコン内の情報（時刻）は客観性が高いものといえます。もっとも、パソコン内に残された時刻は、労働時間を管理する目的ではなく、ファイルの更新履歴等を残すためのものです。

　そのため、労働者の従事する業務が、パソコンの操作を伴うものであれば、その中にある情報は、客観性が高いだけでなく、労働時

間との結びつきも強いものと判断されます。このような情報は、労働時間を認定する資料として信用性が高いといえます。

（7）施錠・警備の解除等の記録

Q　労働時間を管理するためのものではありませんが、施設の施錠を行った時刻や警備の解除や開始時刻の記録により、労働時間が認定される場合はありますか？

　このような記録により労働時間を認定した裁判例がありますが、反対に、結論として認めなかったものもあります。

問題の所在

　タイムカードは、その時刻に事業場に滞在したこと及び労働時間管理目的で使用されるという理由から労働時間を推定するものでしたが、それと同様に、施設の施錠記録等の記録により、労働時間が認定されうるのかが問題となります。

裁判例　（入退館記録により認定したケース）

　平成29年3月3日大阪高裁判決（**47**・鳥伸事件）は、施錠等を行った時刻を示す記録ではありませんが、百貨店に入居するテナントに勤務する労働者について、その百貨店への入退館記録により、終業時刻を認定しました。
　入退館記録は、その百貨店が施設の入館者の管理等のために記録を残すものであり、労働時間管理を目的とするものではありません

が、テナントの使用者と異なる第三者が管理するものであるため、客観性は高いと思われます。その上で、業務の終業時刻と退館時刻が近接していると認められるような場合には、それにより労働時間が認定されるのも相当だと思われます。

裁判例（警備のシステム解除ないし開始時刻で認定したケース）

平成24年9月21日大阪地裁判決（**9**・浪速フード（旧えびのやグループ）事件）は、当該店舗に導入されていた、警備記録のシステム解除ないし開始時刻により労働時間を認定しました。

この事件では、会社が、当該店舗にタイムレコーダーを設置していたところ、当該店舗に勤務する3名の正社員のうち、最も遅く出勤した者が3名分まとめてレコーダーで打刻しており、タイムカードで労働時間を認定すべきではない事情がありました。

裁判例（施設管理のためのICカードの記録を否定したケース）

平成25年11月21日東京高裁判決（**22**・オリエンタルモーター（割増賃金）事件（控訴審））は、従業員に使用させていたICカードについて、使用目的が施設管理のためのものであり、その履歴は会社内の滞留時間を示すに過ぎないと判断しました。そのため、それにより、直ちに労働者が時間外労働をしたと認めることはできないとしました。

反対に、この事件の一審である平成25年5月24日長野地裁松本支部判決は、控訴審とは反対に、警備記録として使用されるICカードの使用履歴について、労働者の労働時間管理も使用目的の1つとされていたと認め、これにより労働時間を認定しました。

この事件では、控訴審では、時間外労働の管理が、「時間外及び休日勤務指示書」により行われているものと認めたのに対し、一審

では、上司が残業を命じる場合に用いる「時間外及び休日勤務指示書」が形骸化していたとして、ICカードが労働時間管理の目的もあったと判断しています。

一審と控訴審でICカード及び「時間外及び休日勤務指示書」の評価が異なっていますが、それ以外に、労働者が労働時間だと主張した実習中の新人社員の発表会への参加について、一審は労働時間と認めたのに対し、控訴審は、自己啓発のためのものであり、労務の提供であったとは判断しませんでした。

そもそも、ICカードが示すのは、直接的には会社内での滞留時間でしかありません。また、タイムカードと異なり、直ちに、それにより労働時間管理の目的で使用されているとは言い難いところもあります。そのため、ICカード（警備記録）の評価については、それ以外についての判断が異なったことと相まって、最終的に異なる結論に至ったものと思われます。

労務管理のポイント

施設の施錠した時刻や警備の解除ないし開始した時刻の記録は、労働時間管理を目的に使用されるものではありませんが、警備会社等の第三者が管理していることが多く、その点で客観性は高いといえます。

そのため、その記録により認められる時間と、労働者の労働時間との結びつきが強い場合（例えば、施錠を解除してすぐに業務を行うような場合）であれば、労働時間を認定し得る資料として肯定的に評価されうるといえます。反対に、それとは別に、信用し得る方法で労働時間管理が行われている場合には、否定的に評価されることになると思われます。

コラム

◎「当時」としては画期的な方法だった？

　筆者が監督官となった平成13年頃から、不払残業や長時間労働が社会的な問題として注視されるようになってきました。その理由は、その前の年に、電通の過労死（自殺）事件の最高裁判決が出され、翌年には、「労働時間の適正な把握のために使用者が講ずべき措置に関する基準について」が策定された時期であったからだと思われます。

　しかし、不払残業は、どのような記録でそれを確認するかが重要であり、具体的な情報等がない限り、なかなか見抜けない場合がほとんどでした。そのため、問題視されたとある店舗について、筆者や筆者の上司が、勤務時間外に、特定の従業員の就労状況を交代で確認することを試みたこともありました。

　ちょうどその頃、行政内で、事業場の警備の解除ないし開始時刻を確認したことで不払残業を見抜いた事例が報告されたことがありました。今となっては当たり前のように思われますが、当時としては画期的だと賞賛されました。

　さらに、時代は進んで、筆者の司法修習の同期の弁護士がベンチャー企業を立ち上げ、「残業証拠レコーダー」なるスマートフォン向けのアプリを製作しました。スマートフォンのGPS機能により、その位置情報とその時刻をその企業が管理し、労働者が残業代を請求する際の証拠として活用してもらうというものです。

　IT化が進むなどして裁判に提出される証拠も昔と比べて様変わりしていると聞きますが（例えば、不貞慰謝料を求める裁判では、興信所の撮影した写真等だけでなく、スマートフォンのメールの記録が提出されます）、残業代の裁判についても例外ではないと思われます。

（8）日報が存在する場合

Q 会社所定の日報に労働者が自らの労働時間を記載していた場合、労働時間を基礎付ける正確な資料として扱われますか？

より客観性が高い資料があり、それを信用すべき場合でなければ、基本的には、これにより労働時間が管理されていると判断され、そのとおりに認定されます。

問題の所在

業務日報など、労働者が自ら労働時間を記載する資料が用いられていた場合、機械的に時刻が記録されるものではないため、タイムカードのように客観性が高いものとは言い難いといえます。そのため、裁判における取扱いがどのようなものとなるか問題となります。

裁判例（所属長が労働者の記載を確認していたケース）

平成25年5月22日東京地裁判決（**31**・ヒロセ電機（残業代等請求）事件）は、労働時間の認定について、入退館記録（タイムカードのようなもの）と時間外勤務命令書（残業時間を労働者が自ら記載して報告するもの）のいずれによるかが争われました。

この事件では、就業規則において、時間外勤務命令書について、これにより所属長が時間外勤務を命じるものとして規定され、労働者が時間外勤務の希望時間を記入し、所属長が当該希望時間を確認し、場合によっては修正して時間外勤務命令を出していたことが認

められました。

 そして、労働者は、時間外勤務終了後、時間外勤務命令書に時間外勤務に係る実時間を記入し、所属長は、翌朝、その時間を確認して労働者本人の了解のもと時間外労働時間数を確定させ、確定後、労働者がそれを確認し押印していたことを認めました。

 その結果、一般論として、入退館記録のようなもので在社時間が明らかとなれば、その時間は特段の事情がない限り労働に従事していたと推認すべきであると述べながらも、この事件では、時間外勤務命令書により労働時間が管理されていたとして、会社の主張を認めました。

裁判例 （業務ごとに作成され会社が内容を確認していたとしたケース）

 平成25年10月1日東京地裁判決（**23**・東名運輸事件）は、労働者により業務ごとに作成される運転日報によって労働時間が記録・管理されていたものと判断し、記載内容が不合理なものでない限りこれにより労働時間を推定することが相当であると述べました。

 他方で、運行表等、他により客観的かつ合理的な証拠が存在する場合には、運転日報ではなく、それにより出勤の有無及び労働時間を認定することが相当であるとも述べ、運行表と運転日報が矛盾する場合には運行表により出勤の有無及び労働時間を認定すべきだとしています。

 この事件では、会社は、運行表の存在を理由に、運転日報全体の信用性を争いました。しかし、裁判所は、運行表について、業務上作成されたものであるから、労働者が単独で作成できる運転日報に比べて信用性が相対的に高いと一応うことができると述べながら、運転日報が業務ごとに作成されてその日の内に提出され、都

度、会社が内容を確認していたことに照らせば、運行表の存在を考慮しても、運転日報全体の信用性が損なわれるとまではいえないとしています。

　また、この事件では、不自然なことに、会社から運行表が一部しか提出されませんでした。そのため、運行表がない部分についてまで、運転日報の信用性を否定することはできないと判断されたものといえます。このことは、タイムカードの一部に手書きの部分が存在しても、それだけで全体の信用性が否定されるものではないことと同じ理屈だといえます。

　会社は、運行表の全部を有しているはずですが、その一部しか証拠として提出しないことは、会社の主張に照らせば、不自然です。そのため、そのような不自然さと相まって、相対的に、運転日報の信用性が高まったものとも思われます。

（ 裁 判 例 ）（上司の確認と決裁により不正確とはいえないとされたケース）

　平成29年3月30日大分地裁判決（**49**・プレナス（ほっともっと元店長B）事件）及び平成29年2月17日静岡地裁判決（**50**・プレナス（ほっともっと元店長A）事件）では、いずれも、労働者が出退勤時刻等を記入した勤務状況確認表が証拠として提出されました。会社は、これについて、必ずしも勤務実態に合致するものではない等と主張しましたが、会社の主張は認められず、これにより労働時間が認定されました。

　この事件では、勤務状況確認表は、労働者が勤務時間等を記載したのちに、上司に確認と決裁を求めるものとなっていました。そして、決裁の過程で日々の勤務時間について手書きでチェックを付した上で確認している様子も見られるが、労働者に対して不正確であ

るとして書き直しを求めることもなかったこと等から、その記載内容が不正確なものということはできないと判断されました。

裁判例 （会社が異議を述べた形跡がないことを理由とされたケース）

　平成24年10月30日東京地裁判決（**27**・ワールドビジョン事件）は、労働者が始業時刻と終業時刻及び直行直帰する場合にはその旨と時刻を記載した出勤表を提出していたことから、それにより労働時間が管理されていたと認定し、これにより労働時間を認定しました。

　この事件では、会社が出勤表の提出を受けながら、その際、労働者の記載した始業時刻等について異議を述べた形跡がないことから、それについて承認していたものと判断しました。

労務管理のポイント

　労働者に自ら労働時間を記入させた場合であっても、その管理に会社の関与があれば、その資料の信用性は否定されず、その記載どおりの労働時間が認定される場合が多いと思われます。

　そして、上記の裁判例からすれば、その関与の程度についても、会社が保管して異議を述べないという程度のことすら、資料の信用性を肯定する方向で考慮されています。日報に記載された労働時間の信用性については、使用者ないし労働者にとって有利となるか不利となるかにかかわらず、当事者双方関与のもと、その都度、作成されたという点が、その信用性を肯定する理由になるものと思われます。

（9）労働者のメモの取扱い

Q 労働者が個人的に記録していたメモが証拠として提出された場合、それにより労働時間が認定されることはありますか？

A 他の客観的な資料や事実と符合しない限りは、それだけで労働時間が認められることはないと思われます。

問題の所在

事業場にタイムカードがないような場合、労働者が自ら手帳等に労働時間を記録したメモ等が証拠として提出されることがあります。業務日報等と異なり、使用者がその作成に関与していないため、それにより労働時間が認定される場合があるのかが問題となります。

裁判例 （メモの信用性を否定したケース）

平成24年3月9日大阪地裁判決（**2**・日本機電事件）は、営業担当職員である労働者についてタイムカード等が作成されていなかったことから、当該労働者が労働時間をメモしていたと主張する手帳が証拠として提出されましたが、その記載されている日がごくわずかであり、それを基礎に労働者の主張する労働時間を認めることはできないと判断しました。

平成25年6月28日大阪地裁判決（**17**・オカダテニス・クリエーション事件）は、テニススクールにコーチとして勤務する労働者作

成のメモについて、レッスンを担当するはずの時間帯にガット張り業務に従事したとの記載が散見されること等から、そのとおりの労働時間を認定することはありませんでした。

　平成25年11月21日東京高裁判決（**22**・オリエンタルモーター（割増賃金）事件）は、会社では、ICカードにより施設管理が行われ、残業は管理職が指示内容や指示時刻等を記載した指示書により管理運用されていたこと認めました。そして、労働者が自己の手帳に記載していた退社時刻の記録については、記載が曖昧であり信用することができないと判断しました。

　平成29年2月17日静岡地裁判決（**50**・プレナス（ほっともっと元店長A）事件）は、労働者が勤務時間を記載し、上司の確認及び決裁を受けた勤務状況確認表により労働時間を認定しました。
　そして、労働者が自己の手帳に記載した勤務時間については、上司から1週間分の予定を言われた際にメモを作成したに過ぎず、実際の勤務実績が記載されているとまでは認めることができないと述べました。

　以上の裁判例のように、基本的には、労働者のみにより作成されたメモ等では、労働時間を認定することはないと思われます。
　もっとも、次の裁判例のように、客観的事実により裏付けられるなど、それが信用し得る場合には、その限度で労働時間が認められる場合があります。

> **裁 判 例**（客観的事実等と符合したことにより否定しなかったケース）

　平成25年10月17日大阪地裁判決（**24**・金本運送（割増賃金）事件）は、会社がタイムカードで勤務時間の管理をしていたところ、労働者が、出勤時刻や車庫整理業務の終了時刻を毎日記録していたため、いずれにより労働時間を認定するかが問題となりました。

　始業時刻についてはタイムカードによって認定し、終業時刻については、手帳に記載された車庫整理業務の終了時刻がタイムカード記載の退出時間（車庫に戻った時間）と大きな隔たりがないことから、概ね信用できるとしました。

　平成26年3月26日東京地裁判決（**30**・医療法人社団明芳会（R病院）事件）は、タイムカードにて労働時間管理が行われたことを認めた上で、それ以外に労働者の手帳記載の休日労働の記録について、客観的な資料ないし事実と符合する限りで休日労働を認めました。

> **労務管理のポイント**

　以上のことからすれば、原則として、メモ等の記載から労働時間が認定されることは困難だといえます。

　例外的にメモ等に記載のある時刻により労働時間を認定する場合があるといっても、メモ等によるというよりも、客観的な事実や資料があれば、それを基礎として、労働時間が認められるという考え方のほうが正確だと思われます。

> **コラム**
>
> ### ◎タイムカード等の記載を覆すには
>
> 　筆者が弁護士となってから扱った事件ですが、会社から指示があったわけでもないのに、店長職にあった従業員が、閉店時刻後すぐに、店舗（テナント）に設置されたスタッフ全員分のタイムカードを打刻し、その後も作業を行わせていた事件がありました。
>
> 　この事件では、会社に対し残業代を請求してきたのがその店長だったのにはびっくりしましたが、証拠として商業施設の入退館記録が提出され、タイムカードに記載されたよりも長い労働時間が認められてしまいました。
>
> 　もっとも、会社は、一部ではありましたが、その店長が閉店時刻後も業務とは無関係に店舗に残っていたことを示す記録を提出することができ、入退館記録の記載による認定を一部覆し、最終的には和解することとなりました。
>
> 　この時の記録というのは、クレジットカードの使用記録で、店長が、閉店後、業務とは無関係に不正にクレジットカードを使用していたことが明らかとなるものでした。しかし、クレジットカードの使用記録を精査するために、商品との突合を行う等、相当な手間がかかりました。
>
> 　いずれにしても、タイムカード等の客観的な記録を覆すには、そう判断し得るだけのものを探す必要があり、一般的には相当な困難が伴うものと思われます。

(10) 休憩時間の開始時刻・終了時刻の記録の要否

> **Q**
> 休憩時間を認定してもらうために、その開始時刻と終了時刻の記録は必要ですか？

あったほうが良いです。ない場合には、ないことを理由に不利に扱われる場合もあります。

問題の所在

裁判所が労働時間を認定するにあたって、始業・終業時刻を前提とする場合が多いと思われますが、同様に、休憩時間も、その開始時刻と終了時刻が明らかになる証拠がなければ認めてもらえないのか問題となります。

裁判例 （休憩開始時のチャイムが鳴らされていたケース）

平成25年5月22日東京地裁判決（**31**・ヒロセ電機（残業代等請求）事件）では、休憩時間の開始時刻及び終了時刻を就業規則で規定していました。実際に休憩を取得したかどうかの記録はなかったようですが、休憩の開始時には、チャイムが鳴らされるようになっており、休憩は取得できたものとして扱われました（この事件では、休憩時間について清掃等を強制されたかどうかは争いになりましたが、結論としては、その時間は休憩時間であったと認定されました）。

> **裁 判 例**（労働者のメモした記録により認定されたケース）

　平成26年9月30日金沢地裁判決（**34**・スロー・ライフ事件）では、労働者の休憩の開始時刻について、タイムカードに打刻がなく、労働者自身で記録したノートの記載しかありませんでした。この会社は飲食店業を行っており、ランチが終了してから休憩時間が開始することとなっていたため、休憩の開始時刻が争いとなりました。

　裁判所は、会社に対して、労働時間を管理して把握する義務があるのにこれを怠っていたことによる不利益を労働者に課すことは相当ではないと述べて、労働者のノートの記載から、休憩の開始時刻を認定しました。

　別のところで見た裁判例からすれば、労働者のメモ自体は、原則として信用されませんが、休憩時間が存在することは、労働者に不利な事実といえます。そのため、労働者が自らその開始時刻をメモしていたことは、不利な事実を承認することにもなりますので、そのような場合は、そのとおりの認定がされることがあります。

　この事件では、使用者の労働時間管理義務にも言及していますが、そのような理由もあり、労働者のノートの記載から休憩の開始時刻を認定したものと思われます。

> **労務管理のポイント**

　休憩時間については、一斉に取得させることが原則となっています（労働基準法34条1項、2項）。そのため、休憩時間が就業規則に規定されるだけでなく、それが確保されるように何らかの工夫（例えば、その開始・終了時刻をチャイムで労働者に知らせること等）がされていれば、休憩時間が認定されないことはあまりないと思われます。

(11) 休憩時間に関する証拠が存在しない場合

> **Q**
> 証拠がなければ休憩時間を主張しても意味がありませんか？

証拠がなくとも主張しておくべきです。労働基準法が規定する程度の休憩時間が認められる場合が多いと思われます。

問題の所在

裁判所が労働時間を認定するにあたって、タイムカード等の証拠によることがほとんどですが、同様に、休憩時間についても、証拠がなければ一切認められないのかが問題となります。

裁判例（休憩時間について規定が存在するケース）

平成25年10月4日東京地裁判決（**19・カール・ハンセン＆サンジャパン事件**）では、弁論の全趣旨により、午前12時から午後1時までが休憩時間と認められました。就業規則で、休憩時間を60分間とする旨の規定があったようですが、その開始時刻まで認めています。

裁判例（業務の実態等から休憩時間が認められたケース）

平成25年10月1日東京地裁判決（**23・東名運輸事件**）では、労働者から休憩時間が全く取得できなかったとの主張がされたかどうかは明らかではありませんが、休憩時間の存在が争いとなりました。

この事件では、業務全体を見たときには、休憩時間すら取得でき

ないほど業務が過密であったとは思われないこと、連続して長時間勤務に従事しているにもかかわらず一定の労務提供が可能であったことも併せて鑑みれば、労働基準法上義務付けられている程度の休憩は取得していたものと見るのが相当だとして、45分ないし1時間の休憩時間が認められました。

裁判例（労働者が認める範囲で認めたケース）

平成25年4月9日東京地裁判決（**18**・WILLER EXPRESS 西日本ほか1社事件）では、労働者が、日中に1時間の休憩があり、夜勤の日は、それ以外に3時間の休憩があったと主張したことに対し、会社はこれを否定しましたが、そのことを直接に示す客観的な証拠がないという理由から、労働者の認める範囲で休憩時間を認定しました。

平成25年12月19日大阪地裁判決（**26**・乙山石油事件）では、労働者が、平均して月の4分の3の稼動日について、1日50分の休憩を取っていたと認めたことから、そのとおりの休憩時間の認定がされています。

休憩時間の存在自体は、労働者にとっては不利な事実といえますので、会社が労働者の自認するよりも多い休憩時間があったことを証明できなければ、労働者が認める限度で認定することも当然といえます。

裁判例（否定する供述にかかわらず1時間の休憩が認められたケース）

平成29年5月18日名古屋高裁判決（**51**・ジャパンレンタカー事

件)の一審では、休憩時間の開始時刻についての記録は残っていないようですが、労働者自らが、出勤簿に休憩時間を2時間取得した旨の記載を行っていました。

しかし、証人尋問で、休憩時間を1時間取得することも難しい場合があるとの証言がなされ、労働者本人からも、店長から頼まれて休憩時間を2時間と記載したと供述しました。そのため、これらのことを踏まえ、休憩時間を1時間として、労働時間が算出されました。

証人及び労働者本人の供述から出勤簿に記載された休憩時間(2時間)の信用性は否定されたものと思われますが、それでも、1時間の休憩時間は認められています。

労務管理のポイント

筆者の感覚的なものに過ぎないかもしれませんが、裁判例では、概ね、労働基準法が義務付ける45分ないし1時間の休憩時間はあったと認められるケースが多いように思われます。

もちろん、労働者の主張にもよると思われますが、労働時間がタイムカード等の間接的な証拠で認定されることとのバランスから、労働基準法の規定する程度の休憩時間については、主張さえしておけば、比較的、認めてもらえやすいのではないかと思われます。

(12) 休憩は一切取れなかったという主張

Q 休憩時間が一切なかったと認められる場合はありますか？

A ケース・バイ・ケースですが、業務内容に照らし、常識的に休憩が取れないことが不合理と判断される場合には、相当の時間、休憩を取得したと認めた裁判例があります。

問題の所在

　裁判所が労働時間を認定するにあたって、始業・終業時刻について記録があれば、その間は労働時間と推定することが一般的です。
　他方で、会社の主張立証により、休憩時間を控除することも一般的といえますが、労働者から休憩が一切なかったと主張された場合、どのように判断されるのか問題となります。

裁判例（休憩時間を認めなかったケース）

　平成25年9月11日東京地裁判決（**20**・医療法人衣明会事件）では、休憩時間を1時間としていたものの、その時間を特定して明確にしていなかったことや、業務の態様から、労働からの解放が保障されたものとは認めず、休憩時間を取得できたとは認められませんでした。
　この事件では、業務の実態から休憩時間を一切認めなかったものですが、拘束時間自体は9時間と規定され、その前後の引き継ぎに必要な時間を含めて労働時間と認められています。

裁判例 （労働者の主張を認めなかったケース）

　平成24年12月27日東京地裁判決（12・プロッズ事件）では、労働者が、少なくとも他の従業員の2倍の労働時間が必要であった等と主張して、休憩時間が一切取得できなかったと主張しました。

　それに対して、裁判所は、休憩時間を直接示す客観的な証拠はありませんでしたが、労働基準法上義務付けられている程度の休憩は取得し得たと認めることが相当であると判断しました。

　その理由として、裁判所は、労働者の業務内容及び1年10か月に及ぶ請求期間を通じて、ほとんど休憩をとらずに1週間に100時間近い実労働に連続して従事するなどということはおよそ不可能であると述べて、このように判断しています。

　さらに、連続して長時間勤務に従事したにもかかわらず、一定の労務提供が可能であったことから、明け方近くまで勤務した日については、勤務中に仮眠等を取るための休憩時間を取得したと見るのが自然であるとして、退勤時刻が27時以降の日については、さらに、2時間の休憩を取得したと認めました。

労務管理のポイント

　一切休憩が取得し得なかったとの主張が認められるためには、そのような記録が残されていれば別ですが、やはり、経験的に、不自然だと判断されるものと思われます。休憩を取得し得ないことも相当といえるだけの、業務の実態が具体的に説明されなければ困難だと思われます。

(13) 所定終業時刻後の休憩

Q

所定終業時刻後の残業時間においても、その中で、休憩時間を規定し、それに基づいて休憩時間があったと主張することはできますか。

可能ではありますが、実際にそのような運用を証明できるかどうかのほうが重要となると思われます。

問題の所在

休憩時間は、所定労働時間を前提に、その拘束時間の中で設定するのが一般的です。そこで、時間外労働を命じる場合であっても、残業時間中に取得すべき休憩時間を規定し、それに沿った休憩時間を取得したと主張した場合に、そのとおりの休憩時間が認められるか問題となります。

裁判例 （否定したケース）

平成27年3月13日東京地裁判決（**44・プロポライフ事件**）では、会社は所定終業時刻後に20時を越えて業務を行う場合には、21時まで1時間の休憩を取得するように指示していたと主張しました。

しかし、裁判所は、所定終業時刻より後に休憩を設ける場合には、それを取得させる具体的な施策を講じなければ労働者において指揮命令から解放された状況になったとは言い難いと述べて、休憩があったとは認めませんでした。

> 労務管理のポイント

　この事件では、就業規則にそのような規定があったかどうかは明らかではありませんが、労働時間を争う中でなされた、やや難しい主張だったものと推測されます。

　もし、残業を命じるのに伴って、必ず休憩時間を取得するといった運用をするのであれば、就業規則に規定して労働者に周知するだけでなく、休憩時間になったことを時報等で知らせるような対応を取っておくべきですし、また、残業時間を管理するのと合わせて、休憩を取得したことも記録に残しておくべきだと思われます。

(14) 残業の許可制がとられていた場合

Q

　会社では、残業を行う場合には許可制をとっていたため、許可がなかった以上、仮に会社に残っていたとしても労働時間とは認められるべきではないと思います。

　許可制をとっていても、それが形骸化しているような場合には、許可がなくとも黙示的に業務命令があったものと判断され、労働時間であったと認められる場合が多くあります。

> 問題の所在

　残業は、本来例外的なものであり、必要に応じて指示が出され、それに応じてなされるべきものです。もっとも、実際に業務を行っている労働者が残業の要否を判断し、会社の指示とは無関係に業務を続ける場合があります。

　割増賃金が請求される裁判では、その場合、黙示的に業務命令が

あったと判断し、労働時間と認めることがあるため、そのような判断がなされないよう、許可制の運用をどのようにすべきかが問題となります。

裁判例 （肯定的な判断がされたケース）

平成25年5月22日東京地裁判決（**31**・ヒロセ電機（残業代等請求）事件）では、就業規則の規定等により、時間外勤務命令書によって時間外労働が命じられ、それにより時間外労働時間が管理されていたものと判断されています。

この事件では、原則16時頃、時間外勤務命令書を回覧し、従業員本人の希望を確認して、所属長が認めた場合にだけ時間外勤務を行うという運用が徹底されています。また、翌日、時間外労働時間を確定し、従業員本人に確認のための押印をさせる運用となっており、これにより残業時間が認定されるべきだと判断されました。

判決の理由を読む限りでは、時間外勤務命令書による労働時間管理が厳格に運用されているように思われます。

裁判例 （規定がなかったため否定されたケース）

平成24年10月30日東京地裁判決（**27**・ワールドビジョン事件）では、会社が残業については事前申告がなされた場合にのみ時間外手当が支払われることになっていると主張したことについて、事前申告制を定める規定が存在しないことを理由に、会社の主張を認めませんでした。

この事件では、残業が恒常的な状態にあったことを会社として認識しながら、それを禁止したり抑制することもなく推移した結果、そのような状態が継続していたものであり、黙示の業務命令の下で時間外労働を行っていたと認めました。就業規則等に、許可制の規

定がなければ、そのような主張が認められることはないと思われます。

裁判例（周知及び帰宅を促すことにより一部肯定されたケース）

平成26年1月8日東京地裁判決（**32**・丙川商会事件）は、会社が、①残業が届出制であることを書面で通知し、②営業日報を編綴していたファイルの表紙裏面に「残業は原則禁止」「必要な時は届け出る事・日報にも記録する事」「PM6時までには退社の事」と印字されたテープを貼っていたこと、③会社代表者が18時（所定終業時刻は17時30分）を過ぎて事務所内に残っている従業員に対し、日常的に早く帰宅するように注意していたことを認め、残業について、届出による承認がない限り禁止する方針を有しており、そのことが労働者に周知されていたと認めました。

しかし、この事件では、残業届による承認なく労働者が18時頃まで在社して業務に従事したことについて、会社代表者が黙認していたことを認め、（17時30分から18時までの30分間について）少なくともこの範囲で黙示の業務指示があったと判断しました。

会社代表者が、事務所内に残っている従業員に対し、帰宅するように注意していた事実があったことから、18時以降も残業をしたという労働者の主張を、全面的に認める結果にはなりませんでした。

裁判例（退出するように促さなかったことが考慮されたケース）

上記裁判例（**32**・丙川商会事件）とは反対に、平成24年12月21日長野地裁判決（**13**・アールエフ事件）は、労働者の判断で業務を行った時間について、会社の指揮命令下に置かれていると判断しました。

この事件では、事前申請と許可が必要であるとの会社の主張に対

して、就業規則にその旨の規定はあるものの、労働者が業務上の必要性に基づいて業務を行っている以上、業務を止め退出するように指導したにもかかわらず、あえてそれに反して労働者が業務を継続したという事実がない限り、この時間の労働は会社の指揮命令下に置かれていると述べ、会社の主張を認めませんでした。

同様に、平成28年1月15日福井地裁判決（**41**・ナカヤマ事件）は、所定の手続を経て会社が許可しない限り労働者が時間外労働をしても時間外手当を生じさせるものではないと会社が主張したことに対して、労働者に対して所定休日への出勤を命じながら休日手当を支払っていないこと、終業時刻後に外回りの営業から帰社しても上司から特段の改善指導を受けたことがないこと等から、時間外労

＜参考例＞

退社命令書

　次の理由により、在社して業務に従事する必要はありませんので、速やかに退社するよう命じます。
　☑　残業の許可申請がなされていません
　☐　残業の許可申請は認められませんでした
　☐　残業を許可した時間を超過しています

平成　　年　　月　　日　　時　　分

上記退社命令書、確かに受領しました。
平成　　年　　月　　日　　時　　分

　　　　　氏名　　　　　　　　　　　　　（印）

働が原則として禁止されていたわけではなく、むしろ、恒常的・黙示的に許可されていたものと認めざるを得ないと判断しました。

労務管理のポイント

以上の裁判例からすれば、許可制を採用するのであれば、少なくとも規定を設け、それに従った運用を行うことが必要です。また、それに反する運用（届出・許可なく業務に従事した場合等）が行われた場合には、その是正を図ることも同じように重要であり、その上で、これらのことを記録に残すということが必要と思われます。

(15) 労働時間の記録が残されていない場合

Q

労働時間ないし始業・終業時刻を直接示す証拠がない場合、裁判所はどのような判断をしますか？

何らかの資料等を基に、概括的にでも労働時間を認定する場合があります。

問題の所在

タイムカード、パソコン内の情報、警備記録、日報等の時刻が記録された資料が一切ない場合という状況はあまりないとは思われますが、例えば、特定の期間だけ記録（証拠）がないということはよくあります。そのような場合、その期間の労働時間は認定されないのかが問題となります。

> **裁判例**（記録のある期間を基礎資料として認定したケース）

　平成25年2月28日東京地裁判決（**14・イーライフ事件**）は、タイムカードの存在する期間とない期間があったため、後者について、何らかの客観的な証拠が残されていないという事実をもって、時間外労働時間の立証が全くされていないものとして取り扱うのは相当ではなく、本件に顕れた証拠から総合判断して、ある程度概括的に労働時間を推認することもそれが控えめに行われる限り許容されるものというべきであると述べています。

　その上で、この事件では、タイムカードのない期間についても、それ以前と仕事の内容に変動がなく、労働者がほぼ同じ時刻に退社していたことから、タイムカードがある期間の労働時間が、タイムカードのない期間の労働時間を推認する根拠資料となり得ると判断しました。

　平成24年10月19日札幌高裁判決（**11・ザ・ウィンザー・ホテルズインターナショナル事件**）は、勤務時間等が記載された勤務状況報告書がある期間については、それにより労働時間が認定されましたが、それがない期間については、労働者が、勤務状況報告書が存在する期間の同時期と同一時間の時間外労働を行ったものと推認しました。

> **裁判例**（労働者の述べる業務実態から認定したケース）

　平成24年3月9日大阪地裁判決（**2・日本機電事件**）は、労働者が営業担当社員であったことからタイムカードが作成されておらず、労働時間を明確にする資料が存在しませんでした。

　そうしたところ、この事件では、始業時刻について、労働者の述べる出勤時刻、朝礼が実施された時刻、労働者が毎朝その際に伝票

の整理等の作業をしていたこと、業務量や業務形態に変化がなかったことが推認されることから、労働者が述べるとおりの出勤時刻を認定しました。

また、退勤時刻については、労働者が営業活動を終えた後に事務所に帰社したこと、事務所で営業日報の作成をしていたこと、会社代表者により残業時間を短縮するように指導していたこと等から、正確な退勤時刻を認定することは困難であるがと述べながらも、20時までは業務に従事していたものと認めました。

労務管理のポイント

裁判所としては、使用者に労働時間管理義務がある以上、それを怠ったがために使用者が有利な結果を得られることは、公正な判断とは認められないという考えを有していると思われます。

筆者も、直接労働時間を示す資料がない事案でしたが、店舗の営業時間や労働者の業務内容を具体的に明らかにすることによって、店舗の営業時間プラスαの時間を労働時間と主張したことがありました。その事件は、労働審判ではありましたが、結果として、ほぼ、そのとおりに判断してもらいました。

◎記録がない場合の監督官による対応は？

記録が全くなかった場合に、労働基準監督官の対応はどうなるか、民事裁判のように、概括でも時間を認定し、残業代の不払いがあることを理由に指導ないし司法処分ができるか問題となります。

基本的には、法違反を前提とする指導ないし司法処分は困

難だと思われます。仮に法違反が問われるとしても、証拠により残業代の不払いという違反事実を特定し得ない以上、賃金台帳の記載不備が限界と思われます。

　筆者が監督官だった頃、とある事業場において、開業してから1月後、その会社代表者が、1月分の給料を支払わず、重要な書類を全て持って行方不明となったという相談がありました。

　この時は、会社代表者が持ち出したことにより賃金台帳自体がなく、また、一度も給料が支払われていないということで給料明細もありませんでした。事業場の建物もプレハブ造りでまさに怪しい限りで、労働者だけでなく、いくつかの取引先も、会社代表者からの詐欺被害を訴えていたようでした。

　しかし、給料の未払いとしてその金額の特定もできない以上、労働基準法24条違反とすることもできず、また、残された労働者が、その建物を使用して事業を引き続き行っていたこともあり、未払賃金の立替払制度の利用もできないといった事案でした。法定刑の重さからすれば、賃金不払と賃金台帳の不調製は同じ罰金刑が予定されていましたので、後者として司法処分することも検討しましたが、代表者が行方不明であるためそれも行わずに事件処理を終了しました。

　なお、労働条件通知書の不交付を理由に司法処分が検討された事案もありました。この時は、「証拠がないことが証拠」ということで検察庁と協議したようですが、司法処分とはせずに終わっていました。

　いずれにしても、民事裁判とは異なり、刑事事件を前提とした労働基準行政における、証拠がない場合の限界を感じた事案でした。

2 賃　金
～有効な残業代の支払いと認められるには～

（1）固定残業手当①　口頭による同意

Q

固定残業手当を導入するにあたり、そのことについて労働者に対し口頭で説明したところ納得してくれたのですが、仮に裁判となった場合に何か問題となりますか。

A

説明があったかなかったかが争いになる可能性が高く、また、そのような状況であれば、何らかの理由（明確に区別できていないなど）により、労働基準法37条1項の割増賃金の支払いとは認められない可能性が高いと思われます。

少なくとも、説明をした上で、それに対する同意を書面で残しておく必要があります。

問題の所在

固定残業手当を導入しても、それが否定されれば、多額の割増賃金の支払いを命じられることにもなります。

労働条件の変更は、就業規則の変更により認められる場合もありますが（労働契約法9条以下）、固定残業手当の導入は、具体的な給与額の変更も伴うため、個別に同意を得ておくべきといえます。そのため、労働条件の変更として、労働者の同意を得る場合に、口

頭で同意してもらうだけで十分といえるのかが問題となります。

裁判例 （否定されたケース）

平成26年10月16日大阪地裁判決（**37**・ハンナシステム事件）は、基本給に月20時間分の割増賃金等が含まれる旨の合意があり、割増賃金として月額４万2000円は支払い済みであるとの会社の主張について、会社代表者はそのような合意を肯定する供述をするもそれを裏付ける証拠はなく、また、労働者は、そのような合意は一切ないと供述しました。

その上で、この事件では、通常の労働時間の賃金の部分と時間外労働に対する賃金の部分を明確に区別しているとは認められないことから、仮にそのような同意があったとしても有効な合意とは認められないと述べました。

平成28年４月12日京都地裁判決（**42**・仁和寺事件）は、使用者が、労働者の採用時に特別手当が固定残業代の趣旨であることを説明しその承諾を得ていたと主張したことに対し、採用時に作成された給与諸手当決定通知書にはそのような記載がなく、当該主張を裏付ける客観的証拠は存在せず、採用し得ないと述べました。

労務管理のポイント

契約の成立自体は口頭による合意でも十分ですが、当然ながら、裁判となればそのことを証明する必要があります。一般的には、契約書が作成される理由の一つがそのためだといわれています。

そのため、固定残業手当の導入について合意があったかどうかが争われる場合に、口頭で同意を得たというだけでは、裁判となったときにそのことを証明するのは困難だといえます。

また、口頭での同意を得たと主張しても、通常の労働時間の賃金の部分と明確に区分できていない場合や、時間外労働等の割増賃金に対する支給という趣旨が明確にされていなければ、形式的に同意が得られていたとしても、そのことを理解した上で同意したとは認めてもらえないものと思われます。

> **コラム**
>
> ### ◎消滅時効
>
> 　民法が改正されることとなり、法定利率が変動制になるなど労働事件の裁判実務も影響を受けることが予想されます。ところで、現行民法は、賃金について１年の短期消滅時効を規定していたことから、労働基準法は、賃金債権の保護のため２年（退職金については５年）の消滅時効を規定しています（労働基準法115条）。
>
> 　しかし、今般の民法改正により短期消滅時効が廃止され、原則５年となることから、民法とその特別法たる労働基準法の関係が逆転してしまうこととなります。そのため、賃金債権の時効をどのようにするべきかが議論されています。
>
> 　労働者側からは、当然のものとして５年に変更すべきだとの意見が出ているようですが、使用者側からは、管理の煩雑さ等を理由に変更する必要はないとの意見が出ているようです。
>
> 　他の法律による規制は別にして、労働基準法109条が、賃金台帳等の重要な書類について３年間の保存期間を定めていますし、短期消滅時効が記録の管理の煩雑さも理由に規定されていたことからすれば、使用者側の挙げる理由にどれだけの説得力があるかはやや疑問に思います。

(2) 固定残業手当②　同意書とそれについての説明

Q

　固定残業手当導入について、労働者が同意したことを証明できるように、同意書に署名を得ておけば裁判で争われることはありませんか？

A

　どのようなことをしても争われるリスクはあります。
　また、その場合に、同意書しかないときには、それが形式的なものでしかないと判断される可能性が高いと思われます。
　同意書とは別に、あるいはその書面中に、それが作成されるまでの過程（労働者に対する説明等）が明らかとなるようにしておくべきです。

問題の所在

　平成24年9月21日大阪地裁判決（**9**・浪速フード（旧えびのやグループ）事件）では、基本給の他に、月額5万円の固定残業手当の支払いがあり、それが割増賃金に対する弁済という趣旨で支払われた点について、会社と労働者の間で争いがありませんでした。

　裁判では、争いがない場合に、原則は、それと異なる認定をしないこととされています。そのような場合に同意書を証拠として提出する必要はありませんが、そうでない場合に、同意書さえあれば、同意があったと認められるかが問題となります。

裁判例　（同意書・説明書により同意が肯定されたケース）

　平成24年9月4日東京地裁判決（**10**・ワークフロンティア事件）

では、労働基準監督署による是正勧告を端緒としたものでしたが、社会保険労務士が賃金規程の改定等の依頼を受け、固定残業手当を導入したものでした。

この事件では、労働者の署名のある書面（確認書及び労働条件通知書）の存在を理由に、変更後の労働条件（固定残業手当の導入）について、会社と労働者との合意の存在を認めました。

会社は、固定残業手当の導入にあたり、①従業員に対して、未払残業代について労働基準監督署から是正勧告を受けたこと、②これまでの未払残業代を清算すること、③固定残業手当を導入することについて説明を行うことと合わせて、その導入について労働者の同意を得ています。

また、会社は、未払残業代を清算する際に、労働者に対して清算金額について了承を求め、労働者は、その旨の記載がある書面に署名をしています。

そして、以上のような経緯を踏まえ、基本給の額と固定残業代の額が明示された労働条件通知書が交付され、それについても、各労働者が署名したものでした。

この事件のように、固定残業手当を導入するにあたり、単に、導入後の労働条件通知書に労働者から署名をもらうだけでなく、会社と労働者のそれぞれの有する情報の差を埋めるためにその理由を説明し、そのことが明らかとなるような資料を残しておいたことが、合意の存在を証明しただけでなく、その有効性も担保したものと思われます。

固定残業手当の導入について、その理由等の説明をすれば、労働者から同意が得られないなどのリスクがあることは否定し得ません。しかし、そのようなプロセスを踏んでおかなければ、結局は次

の裁判例のように、労働条件の変更に対する同意が得られても、その有効性が否定されることにもなります。

> 裁 判 例 （労働条件の不利益変更として同意を否定されたケース）

平成29年５月18日名古屋高裁判決（**51**・ジャパンレンタカー事件）は、有期労働契約の更新の際の労働条件の変更が問題となったものでした。

この事件では、これまで、日給１万2000円、就業時間20時から翌日８時までとしていたものを、就業時間20時から翌日５時まで（うち休憩時間１時間、５時から８時までは残業）、所定労働時間分の賃金6400円（800円×８時間）、深夜割増賃金1200円（800円×0.25×６時間）、時間外割増賃金3000円（800円×1.25×３時間）と変更したものでしたが、この変更の効力が争われました。

裁判所は、１万2000円の中に固定残業代が含まれること、割増賃金の基礎となる賃金額が800円となることから、この労働条件の変更について、不利益変更と認めました。

その上で、このような変更について、会社が労働者に対しそのような目的自体の合理性や必要性について詳細な説明をしていないことからすると、形式的に労働者が同意した旨の雇用契約書が作成されているとしても、その同意が労働者の自由な意思に基づくものであると認めることはできないと述べました。その結果、１万2000円の支払いをもって、有効な割増賃金の支払いと見ることはできないと判断しました。

> 裁 判 例 （雇用契約書による同意の有効性を否定したケース）

平成27年３月13日東京地裁判決（**44**・プロポライフ事件）は、社会保険労務士を通じて固定残業手当の導入について説明を行った上

で雇用契約書に労働者が署名押印したと会社が主張し、その同意の有効性が問題となったものでした。

この事件では、固定残業手当の導入に伴う当該労働条件の変更が、割増賃金の算定の基礎となる賃金額を減ずることに主たる目的があったと認めた上で、その目的自体の合理性や、労働者に対してその目的を明確に説明したことを認める証拠がないと判断しました。

そして、形式的に労働者が同意したと認める雇用契約書があるとしても、その同意が労働者の自由な意思に基づくものと認めるべき客観的に合理的な事情はないとして、同意が有効なものとは認めませんでした。

(3) 固定残業手当③　支払い趣旨の否定

Q

固定残業手当の支払い趣旨が、労働基準法37条1項の割増賃金の支払いだと認められない場合はありますか？

具体的な事実関係によりますが、否定される場合があります。

問題の所在

固定残業手当が、割増賃金の支払いだと認められない場合、その手当が割増賃金の基礎となる賃金に含まれ、1時間あたりの時間単価が大きくなるだけでなく、また、その手当の支払いが未払割増賃金充当されることも認められないため、使用者としては二重に不利な結果となってしまいます。

そのため、どのような場合に割増賃金の支払いであることが否定されるのかが問題となります。

> **裁判例**（休日手当と休日労働の相関関係がないため否定されたケース）

平成24年12月27日東京地裁判決（**12**・プロッズ事件）は、会社が、休日手当について、休日出勤における割増賃金の支払いとして支給されたものであると主張したのに対して、裁判所は、これを認めませんでした。

その理由は、この事件では、休日手当の支払いが、休日出勤のない者に対しても行われていたからであり、そのため、裁判所は、休日手当と休日出勤の相関関係が不明であるとして、休日手当が休日出勤に対する割増賃金の弁済の趣旨で支払われたものとは判断しませんでした。

> **裁判例**（時間外労働の対価としての性質を否定されたケース）

平成25年2月28日東京地裁判決（**14**・イーライフ事件）は、給与規程において「会社は、営業社員について本規程第15条の超過勤務手当に代えて、精勤手当を定額で支給する。なお、超過勤務手当が精勤手当を超える場合には、差額を支給するものとする。」と規定された精勤手当について、時間外労働の割増賃金に対する弁済として支給される固定残業手当と認められるかが問題となりました。

この事件では、精勤手当が実質的に時間外労働の対価としての性格を有していると認められるかという点について、その支給額が労働者の年齢、勤続年数、会社の業績等により、割増賃金の支払いが請求されている期間だけでも数回変動していることから、時間外労働の対価としての性質以外のものが含まれていると見るのが自然で

あるとして、仮に固定残業手当として支払う旨の合意があっても、その有効性が否定されると判断されました。

　なお、この事件では、そもそも、当該労働者が営業社員でなかったため、この規定自体の適用が否定され、さらに合意の有効性以前に、その存在自体が否定されました。

（4）固定残業手当④　不足額の支払い

Q　実際の残業時間が確定したのち、固定残業手当では不足する場合に、差額の支給をしていなかったとき、労働基準法37条1項の割増賃金の支払いと認められないことはありますか。

　必ずそのように判断されるとは限りませんが、認められないことはあります。

問題の所在

　固定残業手当について、通常の労働時間の賃金と区別ができるとしても、当該手当では不足が生じることが明らかとなりながら、不足額の支給をしなかった場合、その支払いの趣旨が否定されないかが問題となります。

裁判例（合意が否定されたケース）

　平成24年10月19日札幌高裁判決（**11・ザ・ウィンザー・ホテルズインターナショナル事件**）は、会社が、職務手当について、就業規則の規定する計算方法からして、95時間の時間外労働に対する対価であると主張したのに対して、95時間を超える残業が生じても、こ

れに対して全く時間外賃金を支払っていないこと等から、当該職務手当が95時間分の時間外労働に対する手当として合意され、あるいはその旨の就業規則の定めがされたとは認めがたいと判断されました。

その上で、この事件では、むしろ、時間外労働が何時間発生しても、職務手当以外は時間外労働に対する対価を支払わない合意であると認められてしまいました（ただし、この事件では、結果として、当該手当は45時間分の時間外労働の対価と認められました）。

裁判例 （否定されたケース）

平成26年４月４日東京地裁判決（**28・DIPS（旧アクティリンク）事件**）は、賃金規程において、営業手当が時間外労働割増賃金で月30時間相当分として支給すると規定されていたため、それが割増賃金に対する支払いと認められるかが問題となりました。

この事件では、「就業日数」及び「出勤日数」欄にいずれも25日と記載され、「出勤時間」欄には、25日に８時間を乗じた200時間と記載されていました。その上で、「残業時間」及び「残業」欄はいずれも零と記載されていることから、会社が、労働者の労働時間数を把握し、月30時間を超える時間外労働をした場合に営業手当に加えて賃金規程に定められた時間外労働割増賃金等を支払う意思もなかったことは容易に推認することができる等として、これが割増賃金として支払われたものとは認めませんでした。

労務管理のポイント

支給済みの手当について、それが固定残業手当だとの主張は、その前提として実際にそのような合意がある場合と、そうでなく、会社としてはそのつもりであったということで、後付けでなされる場

合があると思われます。

　裁判所がそれらを区別するために、労働時間が管理され、不足額の清算が適正に行われているかどうかに着目することは当然だと思われます。

（5）割増の基礎となる賃金

Q
　労働基準法37条5項、同法施行規則21条の規定する手当（割増賃金の基礎となる賃金に算入しない賃金）の該当性が争われる場合に備えて、どのような対応をすれば良いでしょうか。

　最低限、除外される賃金（あるいは賃金ではなく実費弁償）である旨の規定を備えて、そのことに対する説明書・同意書を作成するとともに、費用との関連性が明らかとなる資料を徴収しておく必要があると思われます。

問題の所在

　割増賃金の基礎となる賃金に算入されないと思っていた手当が算入されてしまえば、割増賃金の基礎となる賃金額が大きくなり、未払額も大きくなります。そうならないために、家族手当等、割増賃金の基礎に算入されないものとして手当を支給する場合に、どのようなことに注意すべきかが問題となります。

裁判例（実費弁償としての性格と認められたケース）

　平成25年10月1日東京地裁判決（**23**・東名運輸事件）は、労働者がその支払いを受けていた携帯電話料（5000円）について、割増賃金の基礎となる賃金に含めるべきだとの労働者の主張を認めません

でした。

　この事件では、携帯電話を所持している従業員に対し、当該手当を実費負担として支給すること、諸事情により携帯電話を所持できない従業員には会社が携帯電話を貸与することが規定されていたことを理由に、当該手当は基礎賃金に算入しないと判断しました。

　これは、携帯電話料について、労働の対償（労働基準法11条）ではなく、必要経費ないし実費弁償として賃金（労働基準法11条）に当たらないと判断したからだと思われます。しかし、いずれにしても、割増賃金の基礎となる賃金に含めないものとして何らかの手当を支給する場合には、その趣旨等について、規定をしておくことが最低限必要だと思われます。

裁判例 （不算入について争いのなかったケース）

　また、裁判のルールに基づくものですが、基礎賃金に算入しないことについて争いがない場合には、裁判所が、あえて割増賃金の基礎となる賃金にそれを含めることまではしないと思われます。

　平成24年7月27日東京地裁判決（**6**・ロア・アドバタイジング事件）は、「扶養家族手当」及び「通勤手当」のみならず、「深夜食事手当」について、基礎賃金に算入しないことについて、当事者間に争いがないとしています。

　この事件では、その理由として労働基準法37条5項を引用してはいますが、「深夜食事手当」が「臨時に支払われた賃金」ないし「1箇月を超える期間ごとに支払われる賃金」に該当すると判断したとは考えがたいと思われます。

　裁判所としては、実費弁償という性質について合意があったと判断したものと見るのが妥当かと思われます。

> **裁判例**（否定されたケース）

　平成27年10月22日岐阜地裁判決（**39**・穂波事件）は、積立手当について、1か月を超える期間ごとに支払われる賃金に当たるとの会社の主張に対して、それを認めるに足りる証拠はないとして、会社の主張を認めませんでした（なお、毎月1万円ずつ支給されていると認定されていますが、詳細は明らかではありません）。

　平成26年4月4日東京地裁判決（**28**・DIPS（旧アクティリンク）事件）は、住宅手当について、1万円から5万円の範囲で支給されると規定しているが、これが従業員の住宅に要する費用に応じて支払われていると認めるに足りる証拠はないとして、会社の主張を認めませんでした。

　平成28年1月15日福井地裁判決（**41**・ナカヤマ事件）は、住宅手当について、原則として月額1万5000円であり、当該従業員が世帯主であって被扶養配偶者と同居している場合に例外的に月額5万円支払われるものと認め、1万5000円については、基礎賃金に含めるものと判断しました。

> **裁判例**（労働条件の変更の経緯を理由に否定したケース）

　平成27年3月13日東京地裁判決（**44**・プロポライフ事件）は、家賃手当、家族手当等について、いずれも基礎賃金に含めるものと判断しました。

　この事件では、労働者が、当初、基本給月額35万円及び家賃手当月額3万円の支払いを受けていたところ、その支給総額は変えないまま、基本給月額20万8800円、家賃手当月額1万5000円、家族手当1万5000円等の賃金内訳の変更が行われたという経緯がありまし

た。

　裁判所は、これに対して、基本給が減じられている点などを理由に、賃金内訳の変更について、残業代計算の基礎となる賃金の額を減ずることに主たる目的があったと認めるほかないところ、そのような目的自体の合理性や、会社が労働者に対してそのことを明確に説明したことを認めるに足りる証拠がない以上、形式的に労働者が同意した旨の証拠（文書）があるとしても、その同意が労働者の自由な意思に基づくものと認めるべき客観的に合理的な事情はないとして、基本給35万円、家賃手当3万円を前提に、基礎となる賃金を判断しました。

労務管理のポイント

　以上の裁判例のように、労働基準法施行規則19条の規定する各手当に該当するかどうかが実質的に検討されることから、労働者が支出する費用と手当との関連性が明らかとなる資料を徴取した上で、支給することが望ましいと思われます。

　また、固定残業手当を導入する際の同意のところでも述べましたが、形式的な同意はその有効性が否定される場合があります。同意が明らかとなる書面を残すだけでなく、その基礎となる事実関係等について説明したことが明らかとなる書面として説明書ないし同意書を作成しておく必要があります。

◎残業代請求との抱き合わせ

　最近の弁護士としての常識といっても良いか思いますが、残業代の請求が全く認められないケースというのはあまり考えられず、裁判をすれば、多少の額は認められると考えられています。そうすると、これまで、労働事件の多くは、労働者にとっては重大な問題であっても、弁護士にとっては労力に見合っただけの収入がついてこないとの認識だったものが、残業代請求を抱き合わせれば、労力に見合った収入を得られるとの認識へ変化が生じているものと思われます。

　実際に、筆者の経験した事件では、転勤命令を端緒に紛争となりましたが、それだけでは、会社に請求し得る金銭といえば、慰謝料ぐらいしかありません。しかし、その事件では、裁判外では残業代の請求が先行し、その残業代請求と一緒に、訴訟が提起されました。結果として、転勤命令には応じず退職することとなりましたが、会社は、残業代として請求された金額の何割かを解決金として支払うことになりました。

　そのため、今後、職場で何らかのトラブルが生じた場合には、そのことだけでなく、残業代もセットで請求されるケースがほとんどとなるものと思われます。労務管理の重要性が一層増すように思われます。

3 その他

(1) 賃金債権の放棄

Q

　未払割増賃金が発生しないように、賃金規定を変更するなどして、対応することとしましたが、これまでに発生している未払割増賃金を放棄してもらうことは可能でしょうか。

A

　放棄することの合意があるだけでなく、労働者の自由な意思に基づいてされたと認めるに足りる合理的な理由が客観的に存在する必要があります。

問題の所在

　誤った理解に基づき、割増賃金が支払われていなかったような場合に、労務管理や賃金規程の見直しを行うことがあります。この時、過去に生じたであろう割増賃金について、その放棄を求める場合、どのように行うべきかが問題となります。

最高裁判例

　賃金債権の放棄がされた場合に、合意があるだけでなく、労働者の自由な意思に基づいてされたと認めるに足りる合理的な理由が客観的に存在することが必要であると考えられています（昭和48年1

月19日最高裁判決・シンガー・ソーイング・メシーン・カムパニー事件、平成28年2月19日最高裁判決・山梨県民信用組合事件）。

要するに、賃金債権の放棄について、形式的な同意が得られるだけでは足りず、この場合、裁判となれば同意の有効性が否定されるということです。

> **裁 判 例**（賃金債権の放棄を有効としたケース）

平成24年9月4日東京地裁判決（**10**・ワークフロンティア事件）では、労働者が、会社が算定した過去一定期間の未払割増賃金を受領した上で、「今回受領した割増賃金以外に、貴社に対する賃金債権はありません。」との文言が記載された書面に署名捺印したことから、当該期間の割増賃金について、それ以上の部分の賃金債権を放棄したものと認められました。

この事件は、基本給に残業代が含まれるものとして、一切残業代が支払われていなかったところ、裁判となる前に、労働基準監督官による是正勧告がなされています。そのため、会社は、是正勧告への対応を社会保険労務士に依頼し、その指導のもと、未払割増賃金について労働者に対する説明がなされ、過去の未払割増賃金の清算が行われたものでした。

単に、労働者が未払割増賃金を受領した際に署名した書面の記載内容だけでなく、それまでの経緯を踏まえて賃金債権を放棄することの合意があったと認められたものと思われます。

なお、この事件では、過去の割増賃金の清算とあわせて、基本給を減額するといった変更はなされなかったようです。

> **裁 判 例**（賃金の減額に関する同意が否定されたケース）

平成24年10月19日札幌高裁判決（**11**・ザ・ウィンザー・ホテルズ

インターナショナル事件）では、賃金債権の放棄ではありませんが、賃金の減額に対する同意が問題となりました。

この事件では、労働者が、1年間近くの期間、そのことについて抗議することなく減額後の賃金を受領していたとしても、減額後の賃金額等について尋ねることもなく、口頭で「ああわかりました」などと応答したにとどまる場合には、同意があったとは認められませんでした。

なお、この事件では、会社が口頭で同意があったと主張した減額後の賃金について、その口頭での同意から約1年後に、労働者に対し、労働条件確認書を提示して署名押印を求め、その提出を受けたことにより、当該減額について同意がなされたものと認められました。

口頭での同意を得ただけでは、同意が真になされたものかどうかその程度が問題となるだけでなく、裁判における立証方法としても不安が残ります。書面を残すことが必須といえます。

裁判例 （賃金の実質的な減額への同意が否定されたケース）

平成27年3月13日東京地裁判決（**44**・プロポライフ事件）では、労働条件の変更を行い、改めて雇用契約書が作成されました。しかし、形式的には労働者がそれに同意した旨の書証があるとしても、その同意が労働者の自由な意思に基づくものと認めるべき客観的に合理的な事情はないと判断されました。

この事件では、労働条件の変更内容は、基本給月額35万円及び家賃手当月額3万円を、基本給月額20万8800円、家賃手当月額1万5000円、家族手当月額1万5000円、時間外固定残業代11万7000円等とするもので、賃金月額に変更はありませんでした。

会社は、社会保険労務士を通じて、これまで基本給として支払わ

れていたものの一部を割増賃金として支払う旨を説明した上で、雇用契約書を改めて作成しましたが、このような対応が残業代計算の基礎となる賃金の額を減ずることに主たる目的があったものと認めるほかなく、そのような目的自体の合理性や、その目的を明確に説明したことを認めるに足りる証拠がないと述べて、上記のように判断しました。

労務管理のポイント

　これらの裁判例からすれば、賃金債権の放棄や減額の同意については、単に、書面に同意する旨の記載を残すのではなく、そのような取扱いを行う理由について説明を行ったことも記載しておくことが望ましいと思われます。

　なお、平成28年2月19日最高裁判決（山梨県民信用組合事件）は、就業規則の変更により退職金の減額がされたことに対する合意が問題となった事件であり、将来の賃金債権の減額（放棄）に対する合意についても、自由な意思に基づいてされたと認めるに足りる合理的な理由が客観的に存在することを要するとされたものです。

　割増賃金については、労働基準法37条が強行規定である以上、事前に放棄することを合意しても当該合意は無効となるものと思われますし、あるいは、自由な意思に基づいて合意されたとは、なかなか認めがたいものと思われます。次の裁判例がそのような趣旨を含んでいるものと思われます。

　平成24年3月8日最高裁判決（**7**・テックジャパン事件）は、基本給41万円、月間総労働時間が180時間を超えた場合に、1時間あたり一定額を別途支払うことを内容とする労働契約が締結されたと

しても、41万円とは別に、労働基準法37条１項の規定する割増賃金の支払義務を負うものと解することが相当であると判断しました（41万円について、通常の労働時間の賃金と、180時間までの時間外労働手当の部分が判別できないことを前提としています）。

その上で、契約締結時の事情を踏まえても、労働時間数をあらかじめ予想することが容易ではないことを理由に、自由な意思に基づく時間外手当の請求権を放棄する旨の意思表示があったとは認めませんでした。

（２）管理監督者性

Q

裁判では、管理監督者の該当性については、どのように判断されますか？

大まかにいえば、①職務の内容、責任と権限、②勤務態様、③賃金等の待遇を総合的に考慮して判断されます。

問題の所在

裁判で割増賃金が請求されても、労働基準法41条２号に該当すると判断されれば、労働時間の規制が適用されず、深夜の割増賃金以外の割増賃金を支払う必要がなくなります。そのため、どのような点に基づきその該当性が判断されるかが問題となります。

【定義・趣旨】

労働基準法41条２号は、事業の種類にかかわらず監督若しくは管理の地位にある者（管理監督者）は労働時間、休憩及び休日に関す

る規定は適用しないと規定します（深夜労働については適用除外となりません）。そのため、労働者が管理監督者に該当すれば、会社に割増賃金（深夜手当は除く）の支払義務は生じないこととなります。

　反対に、会社として、管理監督者に該当する者との認識のもと、そのための十分な手当を支給していたにもかかわらず、裁判でその該当性が否定された場合には、割増賃金の基礎となる賃金が大きくなり、高額な割増賃金の支払義務を負う可能性があります。

裁判例（判断基準の概要を述べたもの）

　管理監督者性について、平成29年2月17日静岡地裁判決（**50・プレナス（ほっともっと元店長A）事件**）は、①職務の内容、権限、職責及び勤務実態等に照らし、経営上重要な事項の決定等に関与していたか、②労働時間に関する裁量があったか、③賃金等の待遇等、その職務内容や職責等にふさわしい賃金等の待遇を受けていたかといった事情を総合的に考慮して判断するのが相当であると述べ、おおむね、行政通達で示された解釈（平20.9.9基発0909001号）に沿って判断しています。

　また、平成24年7月27日東京地裁判決（**6・ロア・アドバタイジング事件**）は、労働時間規制の適用を排除することとストレートに結びつくのは②の要素ではあるが、管理監督者が裁量労働制と異なる制度であることを踏まえ、①の要素を重視し、その程度に応じてこれを裏付けるものとして②及び③の各要素の持つ意味を検討し、総合的価値考慮の結果、「労働時間規制の枠を超えて就労することを要請されてもやむを得ないような立場にある者」と判断される場合に、管理監督者性が肯定されるべきだと述べています。

> **裁 判 例**（管理監督者性を肯定したケース）

　管理監督者性を否定した事件は多数ありますが、反対に、管理監督者性を肯定した事件としては、平成24年4月17日京都地裁判決（**5**・セントラルスポーツ事件）や平成24年5月16日東京地裁判決（**4**・ピュアルネッサンス事件）があります。

　平成24年4月17日京都地裁判決（**5**・セントラルスポーツ事件）は、全国を25のエリアに分けて、合計約160店舗のスポーツクラブを運営していた会社において、6つの店舗を統括するエリアディレクターの職にあった労働者について管理監督者性を判断したものです。
　①の点については、労働者が、営業部長、次長に継ぐ地位を有しており、その地位がアルバイトを除く従業員の中で上位約4.1％に位置付けられること、労務管理や人事考課へ関与していたこと、営業部会議に参加し、担当エリアの3か月予想実績表、メンバーの動向報告書をもとに営業報告を実施し、集客策や販売強化策などが話し合われ実質的な討議がされていたことなどが認められています。結論として、エリアを統括する上で必要な権限を実際に有していたと認めています。
　②の点については、従業員の出退勤等の労働時間を管理する責任を負い、従業員の勤務状況等に問題があれば指導すべき立場にあったこと、システムに入力された従業員の出退勤の承認修正の権限を有していたこと及び人事考課における第一次考課権限を有していたことが認められています。
　また、労働者自身の出退勤については、勤務状況表の提出は求められ、その承認を受ける以外に管理を受けておらず、遅刻等により賃金控除が行われない取扱いとなっていたこと、各スポーツクラブ

の開館時間に出勤することを求められていたものではないこと、業務時間中にスポーツクラブ内で運営されている接骨院で、複数回マッサージを受けたこと等が認められ、一定の裁量を有していたと認めています。

③の点については、当該労働者の給与月額が53万3400円（業績給を除く）であるのに対して、管理監督者として扱われていない従業員の最上位の職（副店長）における給与月額が、28万4100円であったことが認められています。

また、副店長が100時間の残業をしなければ、当該労働者（エリアディレクター）の給与月額に及ばず、そのような状態が継続するとは考えにくいとして、当該労働者が高額な給与を受け、管理監督者に対する待遇として十分な待遇を受けているものと認めました。

平成24年5月16日東京地裁判決（**4・ピュアルネッサンス事件**）は、美容サロンの経営等を行う会社において、退職時に取締役であった労働者について管理監督者性を判断したものです。

上記裁判例（**5・セントラルスポーツ事件**）と比較すれば、会社の事業規模は、従業員数が10名を超えることがなく、それとほぼ同数の取締役がいるといった小規模な個人企業といえます。しかし、当該事件では、そのことを理由に管理監督者性が否定されたというものではありません。

①の点については、当該労働者が、取締役として取締役会や経営会議に出席していたことを認め、会長の意向で経営方針が決められることがあっても、会社の意思決定へ参画する機会が与えられていたと認めました。

②の点についても、事業規模が小さいことから、むしろ、当該労働者について労務管理の権限が一部しか与えられなかったこと等に

ついて止むを得ないところがあると述べています。

　また、当該労働者が、会社の労務担当者として日常的に様々な雑務を行ったとしても、会社が小規模な個人企業であることを理由に、それだけで管理監督者性を否定してはいません。業務時間中に、パーティー懇親会への参加等、業務以外のことをしていたことを認め、労働時間について広い裁量を有していたと認めています。

　③の点については、従業員の給与は、基本給月額20万円前後に2万円程度の手当が支給される程度であるのに対して、当該労働者の諸手当を含めた給与月額は60万円であることが認められ、一般従業員と比較して厚遇されていたと判断されました。

　上記2つの事件では、事業の規模は異なりますが、当該労働者の組織上の位置付けが組織図等により明確に定められていますし、待遇の点では、管理監督者ではない従業員と比較すれば、2倍程度の給与の支払いを受けていることが認められます。

　さらに、平成24年4月17日京都地裁判決（**5・セントラルスポーツ事件**）では、就業規則において、管理監督者として扱われる範囲が規定され、その場合に、遅刻等により賃金控除がされないことも規定されています。

裁 判 例（管理監督者性が否定されたケース）

　反対に、管理監督者性を否定した裁判例としては、次のようなものがあります。

　①の点について、平成25年4月9日東京地裁判決（**18・WILLER EXPRESS 西日本ほか1社事件**）では、一般乗合旅客自動車運送事業等を行う株式会社における、統括運行管理者兼運行課長であった労働者について、どのような権限を有していたのか判然としないこ

とや、その上司（部長）と異なり宿直業務や乗務など一般の運行管理者と同様の業務にも従事していたこと等が認められ、管理監督者性が否定されています。

　また、平成28年4月12日京都地裁判決（**42**・仁和寺事件）は、使用者である寺が運営する宿泊、飲食施設において、料理長であった労働者について、その職務内容が調理の担当をしていたというに過ぎず、メニューの決定や食材の選択といった判断権限を有していたものの、調理の業務を担当する専門職としては当然の業務内容であり責任者であることから導かれる特別な権限であるというものではない等と判断しています。

　①の点については、経営者と一体的な立場にあると認めるに足りるかどうかといわれることからも、その権限が特定の業務についてあるだけでは、足りないものと思われます。

　②の点については、平成24年7月27日東京地裁判決（**6**・ロア・アドバタイジング事件）や平成29年3月30日大分地裁（**49**・プレナス（ほっともっと元店長B）事件）では、時間外労働時間を含む、労働時間そのものが相当長時間に及んでいることを指摘し、管理監督者性を否定しています。

　また、平成25年7月17日東京地裁判決（**16**・キュリオステーション事件）は、営業時間の定めのある店舗の運営を当該労働者が一人でしていること、平成25年12月19日大阪地裁判決（**26**・乙山石油事件）は、所長就任後も出勤予定表に従って勤務していたこと、平成26年4月4日東京地裁判決（**28**・DIPS（旧アクティリンク）事件）は、土曜日について会社から20時までの勤務を指示されていたことから、労働時間に関し裁量があるとは認められず、管理監督者性を否定しています。

③の点については、平成25年12月20日大阪地裁判決（**29**・新富士商事事件）は、管理監督者でない従業員との手当の差額が月３万5000円しか変わらず、年収は510万円程度であること、毎月の時間外・深夜労働の時間が30時間から100時間以上あることから、その地位と権限にふさわしい処遇がされていたとは言い難いと判断しました。

　また、平成29年２月17日静岡地裁判決（**50**・プレナス（ほっともっと元店長Ａ）事件）は、店長である当該労働者の支給を受けていた店舗管理手当の水準に関して、部長等の役職者に匹敵する手当の支給を受けていたと認めながらも、管理監督者ではない社員を含めた全体の平均年収を下回っていることから、労働時間の規制をしなくとも、その保護に欠けるところがないほどの優遇措置が講じられていたものと認めることは困難であると判断しました。

　さらに、平成27年10月22日岐阜地裁判決（**39**・穂波事件）は、当該労働者の収入が賃金センサスよる平均賃金を上回っていたとしても、会社において、他の一般労働者に比べて優遇措置がとられていたとは認められないと判断しました。

(3) 労働者性

> **Q** 取締役(労働者でない者)であれば、残業代を支払う必要はありませんか?

 裁判となったときに、形式的には取締役であっても、実態として労働者性が肯定される場合には、残業代の支払いをしなければなりません。

問題の所在

取締役が労働者に該当することとなれば、労働基準法37条の適用があるため、その判断が問題となります。

【定義】

労働基準法9条は、労働者について「職業の種類を問わず、事業または事務所(以下「事業」という。)に使用される者で、賃金を支払われる者をいう。」と定義しています。

平成27年7月31日京都地裁判決(**40**・類設計室(取締役塾職員・残業代)事件)は、会社内で、株式の譲渡を受け取締役就任に承諾した者の労働者性を判断するにあたり、当該業務従事者と会社との間に存する客観的な事情をもとに、当該業務従事者が会社の実質的な指揮監督関係ないし従属関係に服していたか否かという観点に基づき判断されるべきものであると述べています。

この事件は、会社内の300名の社員が、株主兼取締役とされてい

たかなり特殊な事例ですが、当該業務従事者は取締役として登記もされておらず、出退勤の管理が厳格にされていたと判断されています。また、業務の対価として給与の支給を受けており、給与所得として源泉徴収がされ、社会保険料等の控除がされていたことが認められています。

　そして、法令上の業務執行権限が付与されているとは到底解し難く、法的地位は取締役とは言い難いとされています。その上で、指揮監督関係及び従属関係を肯定し、当該業務従事者を労働者と判断しています。

　平成24年5月16日東京地裁判決（**4・ピュアルネッサンス事件**）も、取締役について、会社の規模（従業員、取締役それぞれ10名程度）に比して取締役の数が多く、基本給と役職手当という名目で報酬が支払われており、取締役就任以前から継続して雇用保険にも加入していること等から、取締役としての地位を有していたが、労働者であったと認めました（ただし、管理監督者性を肯定しています）。

　また、平成25年7月17日東京地裁判決（**16・キュリオステーション事件**）では、パソコン教室のフランチャイズ運営を行う会社が、店舗の運営を任せた業務従事者との契約を業務委託契約と主張したことに対して、標準的な雇用契約とは異なるものであったとは認めつつも、報酬と対価関係に立つ業務の範囲が明確でないことや各種手当の支払いを受けていたことや、業務に対する諾否の自由がないこと等を認め、労働者性を認めました。

　なお、労働者性の判断については、昭和60年12月19日労働基準法

研究会報告（労働基準法の「労働者」の判断基準について）により、次の点が考慮されて判断されるのが一般的です。

1　「使用従属性」に関する判断基準
　(1)　指揮監督下の労働
　　　イ　仕事の依頼、業務従事の指示等に対する諾否の自由の有無
　　　ロ　業務遂行上の指揮監督の有無
　　　ハ　拘束性の有無
　　　ニ　代替性の有無
　(2)　報酬の労務対償性

2　「労働者性」の判断を補強する要素
　(1)　事業者性の有無
　　　イ　機械、器具の負担関係
　　　ロ　報酬の額
　　　ハ　その他
　(2)　専属性の程度
　(3)　その他

◎大工は労働者か？

　筆者が監督官だった頃、臨検監督の場面ではありませんでしたが、木造家屋の建築現場で、墜落防止措置が取られておらず、安全管理について問題と思われる事業場がありました。
　そのため、何らかの指導をすべきと考えていたところ、上司から労働者性は認められるのかを問われ、最終的には何ら指導等は行わずに不問となったことがありました。
　その現場では、数名の大工が作業を行っており、具体的な契約内容までは確認できませんでしたが、要するに、一人親

方が数人で作業していたというもので、労働者性を肯定するのは困難なものでした。

　労働行政として権限を行使するには、当然ながら「労働契約」が前提となります。監督署の窓口業務をしていた時に、請負代金が払われないといって一人親方が相談にくるケースというのは結構あったように記憶しています。

　労働契約があっても、労働基準行政としてできることの限界があるだけでなく、労働契約がない場面では、無力以外の何者でもないというのが、監督官の本音だと思われます。

（4）遅延損害金

Q

　退職した労働者から割増賃金の支払いを請求された場合、14.6％の遅延損害金が必ず認められますか。

　賃確法6条2項、同法施行規則6条4号の「合理的な理由」があれば認められない場合があります。

問題の所在

　割増賃金は、労働者が退職後に請求するケースが圧倒的に多いと思われます。その場合、割増賃金だけでなく、それに対する遅延損害金についても支払いを求められるため、計算方法ないし率がどのようになるのかが問題となります。

【定義・規定】

　民法419条が、金銭の給付を目的とする債務の不履行について、

その損害賠償の額を法定利率ないし約定利率によって定めるものとしています。そのため、適用される利率によってその金額が大きく変わります。

　賃金の支払の確保等に関する法律6条1項は、退職後の賃金の支払いについて、14.6％の遅延利息の利率を規定することから、これにより、遅延損害金の支払いも求められることとなります。

　もっとも、同法6条2項、同法施行規則6条は、当該利率が適用されない場合を規定しており、同条4号は、支払いが遅滞している賃金の全部又は一部の存否に係る事項に関し、「合理的な理由」により、裁判所又は労働委員会で争っていることを適用除外事由としています。そのため、合理的な理由の有無により、遅延損害金の利率の適用が異なってきます。

裁判例 （「合理的な理由がないとはいえない」と判断されたケース）

　平成25年5月24日長野地裁松本支部判決（**22**・オリエンタルモーター（割増賃金）事件（一審））は、ICカードの履歴に基づき労働時間を認めるべきかが争われましたが、「合理的な理由」については、合理的な理由がないとはいえない場合も含まれると解するのが妥当であると述べています。その上で、ICカードの使用履歴の中には、移動時間等の労働時間該当性が一見して明らかとはいえない時間も含まれていることからすると、会社の主張全てが全く不合理とまでいうこともできないとして、「合理的な理由」により争っているものと判断しました。

　平成29年3月30日大分地裁判決（**49**・プレナス（ほっともっと元店長B）事件）は、管理監督者性が争われましたが、「合理的な理

由」について、厳格に解すべきではないとの会社の主張を受けて、合理的な理由がないとはいえないため、「合理的な理由」により争っているものと判断しました。

　もっとも、この事件は、労働基準監督官が、会社に対し、当該労働者について労働基準法37条違反の是正勧告を行ったところ、会社が、それに対して管理監督者にあたる旨の報告を行い、その後、送検手続を取られていなかったという、やや特殊な事情がありました。

　平成26年2月27日東京高裁判決（**21**・レガシィほか1社事件）は、専門業務型裁量労働制が当該労働者に適用されるかが争点の1つとなり、その対象業務の解釈が争われたことから、合理的な理由がないとはいえないと述べ、賃確法6条2項により、14.6％の適用を否定しました。

裁判例（14.6％の適用が肯定されたケース）

　これに対し、平成24年3月23日東京地裁判決（**3**・株式会社乙山事件）等については、会社が争っていなかったからだと思われますが、特に理由を明示することもなく、14.6％の割合による遅延損害金の支払いを命じています。

裁判例（判決確定以後は14.6％の適用があるとされたケース）

　なお、平成29年6月30日東京地裁判決（**54**・医療法人社団E会（産科医・時間外労働）事件）も、使用者が労働者の労働時間に関する主張を否認したことについて、一部理由があると述べて「合理的な理由」により争ったものと判断し、遅延損害金の利率を5％にとどめるべきと述べましたが、判決が確定したのちは、14.6％とすべきであると判断している点は注意が必要です。

> 労務管理のポイント

　労働者として14.6％の率による遅延損害金を求める場合には、退職した事実を主張するとともに、その旨の請求をしなければなりません。反対に、使用者がそれを争うのであれば、「合理的な理由」があることを主張しなければなりません。

　何もしなくとも裁判所が勝手に判断してくれるものではなく、当事者の主張がなければ判断しないことに注意が必要です。

（5）付加金として認められる額

Q
　付加金の支払命令を免れることはできませんか。

　未払いと認められた割増賃金と同額の支払いが命じられるのが原則で、減免するに足りる事情があれば、減額ないし支払いを命じない場合もあります。

> 問題の所在

　訴訟手続において、労働者から未払いの割増賃金だけでなく、付加金も請求された場合、それを免れることが可能かどうか、そのためにはどのような対応を取るべきかが問題となります。

【定義・趣旨】

　労働基準法114条は「裁判所は、…第37条の規定に違反した使用者に対し、労働者の請求により、これらの規定により使用者が支払わなければならない金額についての未払金のほか、これと同一額の付加金の支払を命じることができる。」と規定しています。

そのため、労働者が訴訟を提起する場合には、未払いと主張する割増賃金だけでなく、付加金も合わせて請求することが一般的です。労働審判の申立時にも、その後の訴訟を見据えて請求をすることも同様です。

裁判例 （未払割増賃金と同額の支払いを命じたケース）

　平成29年2月17日静岡地裁判決（**50**・プレナス（ほっともっと元店長A）事件）は、付加金について、使用者に労働基準法違反に対する制裁を科すことにより、将来にわたって違法行為を抑止するとともに、労働者の権利の保護を図る趣旨で設けられたものであると述べています。

　そして、使用者による労働基準法違反の程度や態様、労働者が受けた不利益の性質や内容、労働基準法違反に至る経緯やその後の使用者の対応等の諸事情を考慮して、支払いの要否及び金額を検討するのが相当であると述べています。

　しかしながら、多くの裁判例では、付加金を減免するに足りる事情がないとして、原則、未払残業代と同一額の付加金の支払いを命じられる場合がほとんどです（例えば、平成25年2月28日東京地裁判決（**14**・イーライフ事件）、平成25年10月4日東京地裁判決（**19**・カール・ハンセン＆サンジャパン事件）等）。

　さらに、平成26年4月4日東京地裁判決（**28**・DIPS（旧アクティリンク）事件）は、詐欺的行為に及んだことを理由に懲戒処分を受けた労働者について、このことを理由に付加金が斟酌されるべきだとの使用者の主張に対し、労働基準法違反行為とは全く無関係に発生した当該行為を斟酌するのは相当でないと述べ、付加金を減額しませんでした。

> **裁判例**（管理監督者性が争われ支払いを命じなかったケース）

　それでは、どのような場合に、付加金が減免されるかが問題となりますが、管理監督者性を争い、それが認められた場合や、認められなくともそれに近い地位にあった場合には、減免されることが多く見受けられます。

　平成24年4月17日京都地裁判決（**5**・セントラルスポーツ事件）は、管理監督者性を認めながら深夜割増が未払いと判断しましたが、故意に時間外手当の支払いを免れようとした悪質性はなかったと判断し、付加金の支払いを命じるのは相当でないとしました。

　また、平成24年3月9日大阪地裁判決（**2**・日本機電事件）では、結論として管理監督者とは認められませんでしたが、会社としては、他の従業員と比較して管理監督者に該当するとの認識で、手当等を厚遇していたことを理由に、付加金の支払いを命じるのは相当でないと判断しました。

　平成29年3月30日大分地裁判決（**49**・プレナス（ほっともっと元店長B）事件）も同様に、管理監督者性は認めませんでしたが、当事者の主張内容や事実関係等に照らし、付加金という制裁を科すことが相当とはいえないと判断しています。この事件では、会社は、労働基準監督署から労働基準法37条違反の是正勧告を受けながら、管理監督者である旨の報告を行ったという事情がありました。裁判所は、会社がそのことを理由に書類送検されていないといった事情も考慮したものと思われます。

裁判例（管理監督者性が争われ減額して支払いを命じたケース）

　他にも、平成24年3月23日東京地裁判決（**3**・株式会社乙山事件）や、平成24年7月27日東京地裁判決（**6**・ロア・アドバタイジング事件）は、結論として管理監督者性は認めませんでしたが、それに近い地位にあったと判断し、未払割増賃金の5～7割相当額の付加金の支払いを命じました。

　また、平成29年2月17日静岡地裁判決（**50**・プレナス（ほっともっと元店長A事件）も、同様に管理監督者性は認めませんでしたが、未払残業代として請求された期間が1年程度であったことや手当の支払いを受けていたこと等を考慮して、不利益の程度が著しいとまではいえないと判断し、未払割増賃金の5割相当額の付加金の支払いを命じました。

裁判例（専門業務型裁量労働制の対象業務が問題となったケース）

　平成26年2月27日東京高裁判決（**21**・レガシィほか1社事件）は、専門業務型裁量労働制の対象業務の解釈が争点の1つとなったことから、付加金の支払いを命じることは相当でないと判断しました。

裁判例（管理監督者性以外が問題となったケース）

　管理監督者性以外では、平成24年9月21日大阪地裁判決（**9**・浪速フード（旧えびのやグループ）事件）が、固定残業代の支払いがなされていた点を考慮要素の一つとして挙げ、未払残業代の5割相当額の付加金の支払いを命じましたが、平成24年9月4日東京地裁判決（**10**・ワークフロンティア事件）は、固定残業代として支払われていた手当について、それが残業代として支払われていたことを

認めながら、法定の割増賃金との差額について支払いがされていなかったこと等を考慮して、未払残業代と同額の付加金の支払いを命じました。

それ以外には、平成29年6月30日東京地裁判決（**54**・医療法人社団E会（産科医・時間外労働）事件）は、その未払いとなっている残業代のほとんどが宿日直の許可を得ていなかったことが原因となっていたという事情等から、労働基準法を遵守する体制が整えられていたとはいえない使用者の問題は軽視できないが、本件の特有の事情を考慮すると付加金の支払いで制裁を科すことが相当とはいえないと判断しました。

> 裁 判 例 （労働者性が問題となったケース）

なお、平成27年7月31日京都地裁判決（**40**・類設計室（取締役塾職員・残業代）事件）は、会社が労働者性を争ったところ、結論として労働者性は認められ、そのことについて合理的な理由は見出し難いとして、付加金の減免は認めませんでした。

（6）付加金の支払命令が取り消されるためには

Q

判決で付加金の支払いを命じられた場合に、それを免れる方法はないのでしょうか？

一審判決に対して上訴し、控訴審の口頭弁論終結までに一審判決で支払いを命じられた割増賃金を支払うなどして、一審判決における付加金の支払命令が取り消されれば、その支払いを免れることができます。

問題の所在

判決で、付加金の支払いが命じられた場合であっても、使用者としては、それなりの理由で労働者の請求を争ったものと思われます。にもかかわらず、常に付加金の支払いが義務付けられるとなれば、使用者にとっても不利益が大きいと思われます。そこで、判決で支払いを命じられた後であっても、その支払いを免れる方法がないのか問題となります。

最高裁判例

最高裁平成26年3月6日判決は、次のように述べています。

「労働基準法114条の付加金の支払義務は、使用者が未払割増賃金等を支払わない場合に当然発生するものではなく、労働者の請求により裁判所が付加金の支払を命ずることによって初めて発生するものと解すべきであるから、使用者に同法37条の違反があっても、裁判所がその支払を命ずるまで（訴訟手続上は事実審の口頭弁論終結

時まで）に使用者が未払割増賃金の支払を完了しその義務違反の状況が消滅したときには、もはや、裁判所は付加金の支払を命ずることができなくなると解すべきである」

　そのため、訴訟手続上、事実審（控訴審）の口頭弁論終結時までに、任意に残業代支払義務違反を消滅させたことが認められた場合、付加金が発生せず、一審で命じられた支払命令は取り消されることとなります。

裁判例（一審判決後の弁済により控訴審判決で付加金の支払いが取り消されたケース）

　平成28年1月27日東京高裁判決（**57**・コロワイドMD（旧コロワイド東日本）事件）では、会社が第一審判決後、未払いと判断された割増賃金について、遅延損害金も含めて、全額を弁済したことが認められるとして、付加金の支払いを命ずることはできないと述べて、付加金の支払いを命じた部分を含めて、会社の敗訴部分の判決について、取り消しました。
　なお、会社が未払割増賃金として金銭を支払った場合、先に遅延損害金に充当されることから、支払い時点における未払割増賃金及び遅延損害金の全額を弁済しなければならないことに注意が必要です。

裁判例（実体法上の消滅原因では免れないと判断したケース）

　平成28年10月14日東京地裁判決（**48**・損保ジャパン日本興亜（付加金支払請求異議）事件）が述べるように、付加金支払義務を消滅させるためには、控訴して第一審判決の付加金の支払いを命ずる部分の取消しを求め、その旨の判決がされることが必要になります。

この事件は、会社が、第一審判決後、支払いを命じられた残業代について供託し、当該支払義務は消滅したものの、付加金の支払命令が取り消されることなく判決が確定したため、その支払義務が問題となりました。

　しかし、同判決は、上述のとおり、実体法上の消滅原因によって付加金支払義務を免れることはできず、判決が取り消されない限りは、その発生に影響を与えないと判断しました。

> **裁 判 例**　（控訴審で付加金の支払いを命じなかったケース）

　平成26年11月26日東京高裁判決（**35・マーケティングインフォメーションコミュニティ事件**）は、一審判決が営業手当が固定残業手当に該当すると判断しごくわずかな未払残業代の支払いを命じたのに対し、その判断を覆し、約600万円の未払残業代の支払いを命じましたが、付加金の支払いは命じませんでした。

　この事件では、会社が高裁判決の判断に従い、任意に未払割増賃金を支払ったとしても、事実審の口頭弁論終結時はすでに経過しているため、付加金支払義務を免れることができないものでした。そのため、営業手当の性質が争われたということだけでなく、手続上、付加金を免れるための機会を喪失したことも考慮して、その支払いを命じることが相当ではないと判断したものだと思われます。

〈巻末資料〉

労働契約法（抄） ……202
労働基準法（抄） ……205
労働基準法施行規則（抄） ……219
賃金の支払の確保等に関する法律（抄） ……230
賃金の支払の確保等に関する法律施行規則（抄） ……231
参考裁判例一覧 ……232

労働契約法（抄）

第1条　この法律は、労働者及び使用者の自主的な交渉の下で、労働契約が合意により成立し、又は変更されるという合意の原則その他労働契約に関する基本的事項を定めることにより、合理的な労働条件の決定又は変更が円滑に行われるようにすることを通じて、労働者の保護を図りつつ、個別の労働関係の安定に資することを目的とする。

第2条　この法律において「労働者」とは、使用者に使用されて労働し、賃金を支払われる者をいう。
2　この法律において「使用者」とは、その使用する労働者に対して賃金を支払う者をいう。

第3条　労働契約は、労働者及び使用者が対等の立場における合意に基づいて締結し、又は変更すべきものとする。
2　労働契約は、労働者及び使用者が、就業の実態に応じて、均衡を考慮しつつ締結し、又は変更すべきものとする。
3　労働契約は、労働者及び使用者が仕事と生活の調和にも配慮しつつ締結し、又は変更すべきものとする。
4　労働者及び使用者は、労働契約を遵守するとともに、信義に従い誠実に、権利を行使し、及び義務を履行しなければならない。
5　労働者及び使用者は、労働契約に基づく権利の行使に当たっては、それを濫用することがあってはならない。

第4条　使用者は、労働者に提示する労働条件及び労働契約の内容について、労働者の理解を深めるようにするものとする。
2　労働者及び使用者は、労働契約の内容（期間の定めのある労働契約に関する事項を含む。）について、できる限り書面により確認するものとする。

第5条　使用者は、労働契約に伴い、労働者がその生命、身体等の安全を確保しつつ労働することができるよう、必要な配慮をするものとする。

第6条　労働契約は、労働者が使用者に使用されて労働し、使用者がこれに対して賃金を支払うことについて、労働者及び使用者が合意することによって成立する。

第7条　労働者及び使用者が労働契約を締結する場合において、使用者が合理的な労働条件が定められている就業規則を労働者に周知させていた場合には、労働契約の内容は、その就業規則で定める労働条件によるものとする。ただし、労働契約において、労働者及び使用者が就業規則の内容と異なる労働条件を合意していた部分については、第12条に該当する場合を除き、この限りでない。

第8条　労働者及び使用者は、その合意により、労働契約の内容である労働条件を変更することができる。

第9条　使用者は、労働者と合意することなく、就業規則を変更することにより、労働者の不利益に労働契約の内容である労働条件を変更することはできない。ただし、次条の場合は、この限りでない。

第10条　使用者が就業規則の変更により労働条件を変更する場合において、変更後の就業規則を労働者に周知させ、かつ、就業規則の変更が、労働者の受ける不利益の程度、労働条件の変更の必要性、変更後の就業規則の内容の相当性、労働組合等との交渉の状況その他の就業規則の変更に係る事情に照らして合理的なものであるときは、労働契約の内容である労働条件は、当該変更後の就業規則に定めるところによるものとする。ただし、労働契約において、労働者及び使用者が就業規則の変更によっては変更されない労働条件として合意していた部分については、第12条に該当する場合を除き、この限りでない。

第11条　就業規則の変更の手続に関しては、労働基準法（昭和22年法律第49号）第89条及び第90条の定めるところによる。

第12条　就業規則で定める基準に達しない労働条件を定める労働契約は、その部分については、無効とする。この場合において、無効となった部

分は、就業規則で定める基準による。

第13条　就業規則が法令又は労働協約に反する場合には、当該反する部分については、第６条、第10条及び前条の規定は、当該法令又は労働協約の適用を受ける労働者との間の労働契約については、適用しない。

労働基準法（抄）

第1条　労働条件は、労働者が人たるに値する生活を営むための必要を充たすべきものでなければならない。

2　この法律で定める労働条件の基準は最低のものであるから、労働関係の当事者は、この基準を理由として労働条件を低下させてはならないことはもとより、その向上を図るように努めなければならない。

第9条　この法律で「労働者」とは、職業の種類を問わず、事業又は事務所（以下「事業」という。）に使用される者で、賃金を支払われる者をいう。

第10条　この法律で使用者とは、事業主又は事業の経営担当者その他その事業の労働者に関する事項について、事業主のために行為をするすべての者をいう。

第11条　この法律で賃金とは、賃金、給料、手当、賞与その他名称の如何を問わず、労働の対償として使用者が労働者に支払うすべてのものをいう。

第13条　この法律で定める基準に達しない労働条件を定める労働契約は、その部分については無効とする。この場合において、無効となった部分は、この法律で定める基準による。

第15条　使用者は、労働契約の締結に際し、労働者に対して賃金、労働時間その他の労働条件を明示しなければならない。この場合において、賃金及び労働時間に関する事項その他の厚生労働省令で定める事項については、厚生労働省令で定める方法により明示しなければならない。

2　前項の規定によって明示された労働条件が事実と相違する場合においては、労働者は、即時に労働契約を解除することができる。

3　前項の場合、就業のために住居を変更した労働者が、契約解除の日から14日以内に帰郷する場合においては、使用者は、必要な旅費を負担しなければならない。

第24条　賃金は、通貨で、直接労働者に、その全額を支払わなければならない。ただし、法令若しくは労働協約に別段の定めがある場合又は厚生労働省令で定める賃金について確実な支払の方法で厚生労働省令で定めるものによる場合においては、通貨以外のもので支払い、また、法令に別段の定めがある場合又は当該事業場の労働者の過半数で組織する労働組合があるときはその労働組合、労働者の過半数で組織する労働組合がないときは労働者の過半数を代表する者との書面による協定がある場合においては、賃金の一部を控除して支払うことができる。

2　賃金は、毎月1回以上、一定の期日を定めて支払わなければならない。ただし、臨時に支払われる賃金、賞与その他これに準ずるもので厚生労働省令で定める賃金（第89条において「臨時の賃金等」という。）については、この限りでない。

第32条　使用者は、労働者に、休憩時間を除き1週間について40時間を超えて、労働させてはならない。

2　使用者は、1週間の各日については、労働者に、休憩時間を除き1日について8時間を超えて、労働させてはならない。

第32条の2　使用者は、当該事業場に、労働者の過半数で組織する労働組合がある場合においてはその労働組合、労働者の過半数で組織する労働組合がない場合においては労働者の過半数を代表する者との書面による協定により、又は就業規則その他これに準ずるものにより、1箇月以内の一定の期間を平均し1週間当たりの労働時間が前条第1項の労働時間を超えない定めをしたときは、同条の規定にかかわらず、その定めにより、特定された週において同項の労働時間又は特定された日において同条第2項の労働時間を超えて、労働させることができる。

2　使用者は、厚生労働省令で定めるところにより、前項の協定を行政官庁に届け出なければならない。

第32条の3　使用者は、就業規則その他これに準ずるものにより、その労働者に係る始業及び終業の時刻をその労働者の決定にゆだねることとした労働者については、当該事業場の労働者の過半数で組織する労働組合がある場合においてはその労働組合、労働者の過半数で組織する労働組

合がない場合においては労働者の過半数を代表する者との書面による協定により、次に掲げる事項を定めたときは、その協定で第２号の清算期間として定められた期間を平均し１週間当たりの労働時間が第３２条第１項の労働時間を超えない範囲内において、同条の規定にかかわらず、１週間において同項の労働時間又は１日において同条第２項の労働時間を超えて、労働させることができる。
一　この条の規定による労働時間により労働させることができることとされる労働者の範囲
二　清算期間（その期間を平均し１週間当たりの労働時間が第３２条第１項の労働時間を超えない範囲内において労働させる期間をいい、１箇月以内の期間に限るものとする。次号において同じ。）
三　清算期間における総労働時間
四　その他厚生労働省令で定める事項

第32条の４　使用者は、当該事業場に、労働者の過半数で組織する労働組合がある場合においてはその労働組合、労働者の過半数で組織する労働組合がない場合においては労働者の過半数を代表する者との書面による協定により、次に掲げる事項を定めたときは、第32条の規定にかかわらず、その協定で第２号の対象期間として定められた期間を平均し１週間当たりの労働時間が40時間を超えない範囲内において、当該協定（次項の規定による定めをした場合においては、その定めを含む。）で定めるところにより、特定された週において同条第１項の労働時間又は特定された日において同条第２項の労働時間を超えて、労働させることができる。
一　この条の規定による労働時間により労働させることができることとされる労働者の範囲
二　対象期間（その期間を平均し１週間当たりの労働時間が40時間を超えない範囲内において労働させる期間をいい、１箇月を超え１年以内の期間に限るものとする。以下この条及び次条において同じ。）
三　特定期間（対象期間中の特に業務が繁忙な期間をいう。第３項において同じ。）
四　対象期間における労働日及び当該労働日ごとの労働時間（対象期間を１箇月以上の期間ごとに区分することとした場合においては、当該

区分による各期間のうち当該対象期間の初日の属する期間（以下この条において「最初の期間」という。）における労働日及び当該労働日ごとの労働時間並びに当該最初の期間を除く各期間における労働日数及び総労働時間）

　　五　その他厚生労働省令で定める事項
２　使用者は、前項の協定で同項第４号の区分をし当該区分による各期間のうち最初の期間を除く各期間における労働日数及び総労働時間を定めたときは、当該各期間の初日の少なくとも30日前に、当該事業場に、労働者の過半数で組織する労働組合がある場合においてはその労働組合、労働者の過半数で組織する労働組合がない場合においては労働者の過半数を代表する者の同意を得て、厚生労働省令で定めるところにより、当該労働日数を超えない範囲内において当該各期間における労働日及び当該総労働時間を超えない範囲内において当該各期間における労働日ごとの労働時間を定めなければならない。
３　厚生労働大臣は、労働政策審議会の意見を聴いて、厚生労働省令で、対象期間における労働日数の限度並びに１日及び１週間の労働時間の限度並びに対象期間（第１項の協定で特定期間として定められた期間を除く。）及び同項の協定で特定期間として定められた期間における連続して労働させる日数の限度を定めることができる。
４　第32条の２第２項の規定は、第１項の協定について準用する。

第32条の４の２　使用者が、対象期間中の前条の規定により労働させた期間が当該対象期間より短い労働者について、当該労働させた期間を平均し１週間当たり40時間を超えて労働させた場合においては、その超えた時間（第33条又は第36条第１項の規定により延長し、又は休日に労働させた時間を除く。）の労働については、第37条の規定の例により割増賃金を支払わなければならない。

第32条の５　使用者は、日ごとの業務に著しい繁閑の差が生ずることが多く、かつ、これを予測した上で就業規則その他これに準ずるものにより各日の労働時間を特定することが困難であると認められる厚生労働省令で定める事業であって、常時使用する労働者の数が厚生労働省令で定める数未満のものに従事する労働者については、当該事業場に、労働者の

過半数で組織する労働組合がある場合においてはその労働組合、労働者の過半数で組織する労働組合がない場合においては労働者の過半数を代表する者との書面による協定があるときは、第32条第２項の規定にかかわらず、１日について10時間まで労働させることができる。
2　使用者は、前項の規定により労働者に労働させる場合においては、厚生労働省令で定めるところにより、当該労働させる１週間の各日の労働時間を、あらかじめ、当該労働者に通知しなければならない。
3　第32条の２第２項の規定は、第１項の協定について準用する。

第33条　災害その他避けることのできない事由によって、臨時の必要がある場合においては、使用者は、行政官庁の許可を受けて、その必要の限度において第32条から前条まで若しくは第40条の労働時間を延長し、又は第35条の休日に労働させることができる。ただし、事態急迫のために行政官庁の許可を受ける暇がない場合においては、事後に遅滞なく届け出なければならない。
2　前項ただし書の規定による届出があった場合において、行政官庁がその労働時間の延長又は休日の労働を不適当と認めるときは、その後にその時間に相当する休憩又は休日を与えるべきことを、命ずることができる。
3　公務のために臨時の必要がある場合においては、第１項の規定にかかわらず、官公署の事業（別表第１に掲げる事業を除く。）に従事する国家公務員及び地方公務員については、第32条から前条まで若しくは第40条の労働時間を延長し、又は第35条の休日に労働させることができる。

第34条　使用者は、労働時間が６時間を超える場合においては少くとも45分、８時間を超える場合においては少くとも１時間の休憩時間を労働時間の途中に与えなければならない。
2　前項の休憩時間は、一斉に与えなければならない。ただし、当該事業場に、労働者の過半数で組織する労働組合がある場合においてはその労働組合、労働者の過半数で組織する労働組合がない場合においては労働者の過半数を代表する者との書面による協定があるときは、この限りでない。
3　使用者は、第１項の休憩時間を自由に利用させなければならない。

第35条　使用者は、労働者に対して、毎週少くとも１回の休日を与えなければならない。
２　前項の規定は、４週間を通じ４日以上の休日を与える使用者については適用しない。

第36条　使用者は、当該事業場に、労働者の過半数で組織する労働組合がある場合においてはその労働組合、労働者の過半数で組織する労働組合がない場合においては労働者の過半数を代表する者との書面による協定をし、これを行政官庁に届け出た場合においては、第32条から第32条の５まで若しくは第40条の労働時間（以下この条において「労働時間」という。）又は前条の休日（以下この項において「休日」という。）に関する規定にかかわらず、その協定で定めるところによって労働時間を延長し、又は休日に労働させることができる。ただし、坑内労働その他厚生労働省令で定める健康上特に有害な業務の労働時間の延長は、１日について２時間を超えてはならない。
２　厚生労働大臣は、労働時間の延長を適正なものとするため、前項の協定で定める労働時間の延長の限度、当該労働時間の延長に係る割増賃金の率その他の必要な事項について、労働者の福祉、時間外労働の動向その他の事情を考慮して基準を定めることができる。
３　第１項の協定をする使用者及び労働組合又は労働者の過半数を代表する者は、当該協定で労働時間の延長を定めるに当たり、当該協定の内容が前項の基準に適合したものとなるようにしなければならない。
４　行政官庁は、第２項の基準に関し、第１項の協定をする使用者及び労働組合又は労働者の過半数を代表する者に対し、必要な助言及び指導を行うことができる。

第37条　使用者が、第33条又は前条第１項の規定により労働時間を延長し、又は休日に労働させた場合においては、その時間又はその日の労働については、通常の労働時間又は労働日の賃金の計算額の２割５分以上５割以下の範囲内でそれぞれ政令で定める率以上の率で計算した割増賃金を支払わなければならない。ただし、当該延長して労働させた時間が１箇月について60時間を超えた場合においては、その超えた時間の労働については、通常の労働時間の賃金の計算額の５割以上の率で計算した割増

賃金を支払わなければならない。
2　前項の政令は、労働者の福祉、時間外又は休日の労働の動向その他の事情を考慮して定めるものとする。
3　使用者が、当該事業場に、労働者の過半数で組織する労働組合があるときはその労働組合、労働者の過半数で組織する労働組合がないときは労働者の過半数を代表する者との書面による協定により、第1項ただし書の規定により割増賃金を支払うべき労働者に対して、当該割増賃金の支払に代えて、通常の労働時間の賃金が支払われる休暇（第39条の規定による有給休暇を除く。）を厚生労働省令で定めるところにより与えることを定めた場合において、当該労働者が当該休暇を取得したときは、当該労働者の同項ただし書に規定する時間を超えた時間の労働のうち当該取得した休暇に対応するものとして厚生労働省令で定める時間の労働については、同項ただし書の規定による割増賃金を支払うことを要しない。
4　使用者が、午後10時から午前5時まで（厚生労働大臣が必要であると認める場合においては、その定める地域又は期間については午後11時から午前6時まで）の間において労働させた場合においては、その時間の労働については、通常の労働時間の賃金の計算額の2割5分以上の率で計算した割増賃金を支払わなければならない。
5　第1項及び前項の割増賃金の基礎となる賃金には、家族手当、通勤手当その他厚生労働省令で定める賃金は算入しない。

第38条　労働時間は、事業場を異にする場合においても、労働時間に関する規定の適用については通算する。
2　坑内労働については、労働者が坑口に入った時刻から坑口を出た時刻までの時間を、休憩時間を含め労働時間とみなす。但し、この場合においては、第34条第2項及び第3項の休憩に関する規定は適用しない。

第38条の2　労働者が労働時間の全部又は一部について事業場外で業務に従事した場合において、労働時間を算定し難いときは、所定労働時間労働したものとみなす。ただし、当該業務を遂行するためには通常所定労働時間を超えて労働することが必要となる場合においては、当該業務に関しては、厚生労働省令で定めるところにより、当該業務の遂行に通常

必要とされる時間労働したものとみなす。
2 　前項ただし書の場合において、当該業務に関し、当該事業場に、労働者の過半数で組織する労働組合があるときはその労働組合、労働者の過半数で組織する労働組合がないときは労働者の過半数を代表する者との書面による協定があるときは、その協定で定める時間を同項ただし書の当該業務の遂行に通常必要とされる時間とする。
3 　使用者は、厚生労働省令で定めるところにより、前項の協定を行政官庁に届け出なければならない。

第38条の3 　使用者が、当該事業場に、労働者の過半数で組織する労働組合があるときはその労働組合、労働者の過半数で組織する労働組合がないときは労働者の過半数を代表する者との書面による協定により、次に掲げる事項を定めた場合において、労働者を第1号に掲げる業務に就かせたときは、当該労働者は、厚生労働省令で定めるところにより、第2号に掲げる時間労働したものとみなす。
一 　業務の性質上その遂行の方法を大幅に当該業務に従事する労働者の裁量にゆだねる必要があるため、当該業務の遂行の手段及び時間配分の決定等に関し使用者が具体的な指示をすることが困難なものとして厚生労働省令で定める業務のうち、労働者に就かせることとする業務（以下この条において「対象業務」という。）
二 　対象業務に従事する労働者の労働時間として算定される時間
三 　対象業務の遂行の手段及び時間配分の決定等に関し、当該対象業務に従事する労働者に対し使用者が具体的な指示をしないこと。
四 　対象業務に従事する労働者の労働時間の状況に応じた当該労働者の健康及び福祉を確保するための措置を当該協定で定めるところにより使用者が講ずること。
五 　対象業務に従事する労働者からの苦情の処理に関する措置を当該協定で定めるところにより使用者が講ずること。
六 　前各号に掲げるもののほか、厚生労働省令で定める事項
2 　前条第3項の規定は、前項の協定について準用する。

第38条の4 　賃金、労働時間その他の当該事業場における労働条件に関する事項を調査審議し、事業主に対し当該事項について意見を述べること

を目的とする委員会（使用者及び当該事業場の労働者を代表する者を構成員とするものに限る。）が設置された事業場において、当該委員会がその委員の5分の4以上の多数による議決により次に掲げる事項に関する決議をし、かつ、使用者が、厚生労働省令で定めるところにより当該決議を行政官庁に届け出た場合において、第2号に掲げる労働者の範囲に属する労働者を当該事業場における第1号に掲げる業務に就かせたときは、当該労働者は、厚生労働省令で定めるところにより、第3号に掲げる時間労働したものとみなす。
一　事業の運営に関する事項についての企画、立案、調査及び分析の業務であって、当該業務の性質上これを適切に遂行するにはその遂行の方法を大幅に労働者の裁量にゆだねる必要があるため、当該業務の遂行の手段及び時間配分の決定等に関し使用者が具体的な指示をしないこととする業務（以下この条において「対象業務」という。）
二　対象業務を適切に遂行するための知識、経験等を有する労働者であって、当該対象業務に就かせたときは当該決議で定める時間労働したものとみなされることとなるものの範囲
三　対象業務に従事する前号に掲げる労働者の範囲に属する労働者の労働時間として算定される時間
四　対象業務に従事する第2号に掲げる労働者の範囲に属する労働者の労働時間の状況に応じた当該労働者の健康及び福祉を確保するための措置を当該決議で定めるところにより使用者が講ずること。
五　対象業務に従事する第2号に掲げる労働者の範囲に属する労働者からの苦情の処理に関する措置を当該決議で定めるところにより使用者が講ずること。
六　使用者は、この項の規定により第2号に掲げる労働者の範囲に属する労働者を対象業務に就かせたときは第3号に掲げる時間労働したものとみなすことについて当該労働者の同意を得なければならないこと及び当該同意をしなかった当該労働者に対して解雇その他不利益な取扱いをしてはならないこと。
七　前各号に掲げるもののほか、厚生労働省令で定める事項
2　前項の委員会は、次の各号に適合するものでなければならない。
一　当該委員会の委員の半数については、当該事業場に、労働者の過半数で組織する労働組合がある場合においてはその労働組合、労働者の

過半数で組織する労働組合がない場合においては労働者の過半数を代表する者に厚生労働省令で定めるところにより任期を定めて指名されていること。
　二　当該委員会の議事について、厚生労働省令で定めるところにより、議事録が作成され、かつ、保存されるとともに、当該事業場の労働者に対する周知が図られていること。
　三　前二号に掲げるもののほか、厚生労働省令で定める要件
3　厚生労働大臣は、対象業務に従事する労働者の適正な労働条件の確保を図るために、労働政策審議会の意見を聴いて、第1項各号に掲げる事項その他同項の委員会が決議する事項について指針を定め、これを公表するものとする。
4　第1項の規定による届出をした使用者は、厚生労働省令で定めるところにより、定期的に、同項第4号に規定する措置の実施状況を行政官庁に報告しなければならない。
5　第1項の委員会においてその委員の5分の4以上の多数による議決により第32条の2第1項、第32条の3、第32条の4第1項及び第2項、第32条の5第1項、第34条第2項ただし書、第36条第1項、第37条第3項、第38条の2第2項、前条第1項並びに次条第4項、第6項及び第7項ただし書に規定する事項について決議が行われた場合における第32条の2第1項、第32条の3、第32条の4第1項から第3項まで、第32条の5第1項、第34条第2項ただし書、第36条、第37条第3項、第38条の2第2項、前条第1項並びに次条第4項、第6項及び第7項ただし書の規定の適用については、第32条の2第1項中「協定」とあるのは「協定若しくは第38条の4第1項に規定する委員会の決議（第106条第1項を除き、以下「決議」という。）」と、第32条の3、第32条の4第1項から第3項まで、第32条の5第1項、第34条第2項ただし書、第36条第2項、第37条第3項、第38条の2第2項、前条第1項並びに次条第4項、第6項及び第7項ただし書中「協定」とあるのは「協定又は決議」と、第32条の4第2項中「同意を得て」とあるのは「同意を得て、又は決議に基づき」と、第36条第1項中「届け出た場合」とあるのは「届け出た場合又は決議を行政官庁に届け出た場合」と、「その協定」とあるのは「その協定又は決議」と、同条第3項中「又は労働者の過半数を代表する者」とあるのは「若しくは労働者の過半数を代表する者又は同項の決議をする委員」と、「当

該協定」とあるのは「当該協定又は当該決議」と、同条第4項中「又は労働者の過半数を代表する者」とあるのは「若しくは労働者の過半数を代表する者又は同項の決議をする委員」とする。

第40条　別表第1第1号から第3号まで、第6号及び第7号に掲げる事業以外の事業で、公衆の不便を避けるために必要なものその他特殊の必要あるものについては、その必要避くべからざる限度で、第32条から第32条の5までの労働時間及び第34条の休憩に関する規定について、厚生労働省令で別段の定めをすることができる。
2　前項の規定による別段の定めは、この法律で定める基準に近いものであって、労働者の健康及び福祉を害しないものでなければならない。

第41条　この章、第6章及び第6章の2で定める労働時間、休憩及び休日に関する規定は、次の各号の一に該当する労働者については適用しない。
　一　別表第1第六号（林業を除く。）又は第七号に掲げる事業に従事する者
　二　事業の種類にかかわらず監督若しくは管理の地位にある者又は機密の事務を取り扱う者
　三　監視又は断続的労働に従事する者で、使用者が行政官庁の許可を受けたもの

第89条　常時10人以上の労働者を使用する使用者は、次に掲げる事項について就業規則を作成し、行政官庁に届け出なければならない。次に掲げる事項を変更した場合においても、同様とする。
　一　始業及び終業の時刻、休憩時間、休日、休暇並びに労働者を2組以上に分けて交替に就業させる場合においては就業時転換に関する事項
　二　賃金（臨時の賃金等を除く。以下この号において同じ。）の決定、計算及び支払の方法、賃金の締切り及び支払の時期並びに昇給に関する事項
　三　退職に関する事項（解雇の事由を含む。）
　三の二　退職手当の定めをする場合においては、適用される労働者の範囲、退職手当の決定、計算及び支払の方法並びに退職手当の支払の時期に関する事項

四　臨時の賃金等（退職手当を除く。）及び最低賃金額の定めをする場合においては、これに関する事項
五　労働者に食費、作業用品その他の負担をさせる定めをする場合においては、これに関する事項
六　安全及び衛生に関する定めをする場合においては、これに関する事項
七　職業訓練に関する定めをする場合においては、これに関する事項
八　災害補償及び業務外の傷病扶助に関する定めをする場合においては、これに関する事項
九　表彰及び制裁の定めをする場合においては、その種類及び程度に関する事項
十　前各号に掲げるもののほか、当該事業場の労働者のすべてに適用される定めをする場合においては、これに関する事項

第90条　使用者は、就業規則の作成又は変更について、当該事業場に、労働者の過半数で組織する労働組合がある場合においてはその労働組合、労働者の過半数で組織する労働組合がない場合においては労働者の過半数を代表する者の意見を聴かなければならない。
2　使用者は、前条の規定により届出をなすについて、前項の意見を記した書面を添付しなければならない。

第91条　就業規則で、労働者に対して減給の制裁を定める場合においては、その減給は、1回の額が平均賃金の1日分の半額を超え、総額が1賃金支払期における賃金の総額の10分の1を超えてはならない。

第92条　就業規則は、法令又は当該事業場について適用される労働協約に反してはならない。
2　行政官庁は、法令又は労働協約に牴触する就業規則の変更を命ずることができる。

第93条　労働契約と就業規則との関係については、労働契約法（平成19年法律第128号）第12条の定めるところによる。

第106条　使用者は、この法律及びこれに基づく命令の要旨、就業規則、

第18条第２項、第24条第１項ただし書、第32条の２第１項、第32条の３、第32条の４第１項、第32条の５第１項、第34条第２項ただし書、第36条第１項、第37条第３項、第38条の２第２項、第38条の３第１項並びに第39条第４項、第６項及び第７項ただし書に規定する協定並びに第38条の４第１項及び第５項に規定する決議を、常時各作業場の見やすい場所へ掲示し、又は備え付けること、書面を交付することその他の厚生労働省令で定める方法によって、労働者に周知させなければならない。
2　使用者は、この法律及びこの法律に基いて発する命令のうち、寄宿舎に関する規定及び寄宿舎規則を、寄宿舎の見易い場所に掲示し、又は備え付ける等の方法によって、寄宿舎に寄宿する労働者に周知させなければならない。

第108条　使用者は、各事業場ごとに賃金台帳を調製し、賃金計算の基礎となる事項及び賃金の額その他厚生労働省令で定める事項を賃金支払の都度遅滞なく記入しなければならない。

第109条　使用者は、労働者名簿、賃金台帳及び雇入、解雇、災害補償、賃金その他労働関係に関する重要な書類を３年間保存しなければならない。

第114条　裁判所は、第20条、第26条若しくは第37条の規定に違反した使用者又は第39条第７項の規定による賃金を支払わなかった使用者に対して、労働者の請求により、これらの規定により使用者が支払わなければならない金額についての未払金のほか、これと同１額の付加金の支払を命ずることができる。ただし、この請求は、違反のあった時から２年以内にしなければならない。

第115条　この法律の規定による賃金（退職手当を除く。）、災害補償その他の請求権は２年間、この法律の規定による退職手当の請求権は５年間行わない場合においては、時効によって消滅する。

別表第１（第33条、第40条、第41条、第56条、第61条関係）
　一　物の製造、改造、加工、修理、洗浄、選別、包装、装飾、仕上げ、

販売のためにする仕立て、破壊若しくは解体又は材料の変造の事業（電気、ガス又は各種動力の発生、変更若しくは伝導の事業及び水道の事業を含む。）

二　鉱業、石切り業その他土石又は鉱物採取の事業
三　土木、建築その他工作物の建設、改造、保存、修理、変更、破壊、解体又はその準備の事業
四　道路、鉄道、軌道、索道、船舶又は航空機による旅客又は貨物の運送の事業
五　ドック、船舶、岸壁、波止場、停車場又は倉庫における貨物の取扱いの事業
六　土地の耕作若しくは開墾又は植物の栽植、栽培、採取若しくは伐採の事業その他農林の事業
七　動物の飼育又は水産動植物の採捕若しくは養殖の事業その他の畜産、養蚕又は水産の事業
八　物品の販売、配給、保管若しくは賃貸又は理容の事業
九　金融、保険、媒介、周旋、集金、案内又は広告の事業
十　映画の製作又は映写、演劇その他興行の事業
十一　郵便、信書便又は電気通信の事業
十二　教育、研究又は調査の事業
十三　病者又は虚弱者の治療、看護その他保健衛生の事業
十四　旅館、料理店、飲食店、接客業又は娯楽場の事業
十五　焼却、清掃又はと畜場の事業

労働基準法施行規則（抄）

第12条　常時10人に満たない労働者を使用する使用者は、法第32条の2第1項又は法第35条第2項による定めをした場合（法第32条の2第1項の協定（法第38条の4第5項に規定する同条第1項の委員会（以下「労使委員会」という。）の決議（以下「労使委員会の決議」という。）及び労働時間等の設定の改善に関する特別措置法（平成4年法律第90号。以下「労働時間等設定改善法」という。）第7条第1項に規定する労働時間等設定改善委員会（同条第2項の規定により労働時間等設定改善委員会とみなされる労働安全衛生法（昭和47年法律第57号）第18条第1項の規定により設置された衛生委員会（同法第19条第1項の規定により設置された安全衛生委員会を含む。以下同じ。）を含む。以下同じ。）の決議（以下「労働時間等設定改善委員会の決議」という。）を含む。）による定めをした場合を除く。）には、これを労働者に周知させるものとする。

第12条の2　使用者は、法第32条の2から第32条の4までの規定により労働者に労働させる場合には、就業規則その他これに準ずるもの又は書面による協定（労使委員会の決議及び労働時間等設定改善委員会の決議を含む。）において、法第32条の2から第32条の4までにおいて規定する期間の起算日を明らかにするものとする。
2　使用者は、法第35条第2項の規定により労働者に休日を与える場合には、就業規則その他これに準ずるものにおいて、4日以上の休日を与えることとする4週間の起算日を明らかにするものとする。

第12条の2の2　法第32条の2第1項の協定（労働協約による場合を除き、労使委員会の決議及び労働時間等設定改善委員会の決議を含む。）には、有効期間の定めをするものとする。
2　法第32条の2第2項の規定による届出は、様式第3号の2により、所轄労働基準監督署長にしなければならない。

第12条の3　法第32条の3第4号の厚生労働省令で定める事項は、次に掲げるものとする。
一　標準となる1日の労働時間

二　労働者が労働しなければならない時間帯を定める場合には、その時間帯の開始及び終了の時刻
三　労働者がその選択により労働することができる時間帯に制限を設ける場合には、その時間帯の開始及び終了の時刻

第12条の４　法第32条の４第１項の協定（労働協約による場合を除き、労使委員会の決議及び労働時間等設定改善委員会の決議を含む。）において定める同項第５号の厚生労働省令で定める事項は、有効期間の定めとする。
２　使用者は、法第32条の４第２項の規定による定めは、書面により行わなければならない。
３　法第32条の４第３項の厚生労働省令で定める労働日数の限度は、同条第１項第２号の対象期間（以下この条において「対象期間」という。）が３箇月を超える場合は対象期間について１年当たり280日とする。ただし、対象期間が３箇月を超える場合において、当該対象期間の初日の前１年以内の日を含む３箇月を超える期間を対象期間として定める法第32条の４第１項の協定（労使委員会の決議及び労働時間等設定改善委員会の決議を含む。）（複数ある場合においては直近の協定（労使委員会の決議及び労働時間等設定改善委員会の決議を含む。）。以下この項において「旧協定」という。）があった場合において、１日の労働時間のうち最も長いものが旧協定の定める１日の労働時間のうち最も長いもの若しくは９時間のいずれか長い時間を超え、又は１週間の労働時間のうち最も長いものが旧協定の定める１週間の労働時間のうち最も長いもの若しくは48時間のいずれか長い時間を超えるときは、旧協定の定める対象期間について１年当たりの労働日数から１日を減じた日数又は280日のいずれか少ない日数とする。
４　法第32条の４第３項の厚生労働省令で定める１日の労働時間の限度は10時間とし、１週間の労働時間の限度は52時間とする。この場合において、対象期間が３箇月を超えるときは、次の各号のいずれにも適合しなければならない。
一　対象期間において、その労働時間が48時間を超える週が連続する場合の週数が３以下であること。
二　対象期間をその初日から３箇月ごとに区分した各期間（３箇月未満

の期間を生じたときは、当該期間）において、その労働時間が48時間を超える週の初日の数が３以下であること。
5　法第32条の４第３項の厚生労働省令で定める対象期間における連続して労働させる日数の限度は６日とし、同条第１項の協定（労使委員会の決議及び労働時間等設定改善委員会の決議を含む。）で特定期間として定められた期間における連続して労働させる日数の限度は１週間に１日の休日が確保できる日数とする。
6　法第32条の４第４項において準用する法第32条の２第２項の規定による届出は、様式第４号により、所轄労働基準監督署長にしなければならない。

第12条の５　法第32条の５第１項の厚生労働省令で定める事業は、小売業、旅館、料理店及び飲食店の事業とする。
2　法第32条の５第１項の厚生労働省令で定める数は、30人とする。
3　法第32条の５第２項の規定による１週間の各日の労働時間の通知は、少なくとも、当該１週間の開始する前に、書面により行わなければならない。ただし、緊急でやむを得ない事由がある場合には、使用者は、あらかじめ通知した労働時間を変更しようとする日の前日までに書面により当該労働者に通知することにより、当該あらかじめ通知した労働時間を変更することができる。
4　法第32条の５第３項において準用する法第32条の２第２項の規定による届出は、様式第５号により、所轄労働基準監督署長にしなければならない。
5　使用者は、法第32条の５の規定により労働者に労働させる場合において、１週間の各日の労働時間を定めるに当たっては、労働者の意思を尊重するよう努めなければならない。

第12条の６　使用者は、法第32条の２、第32条の４又は第32条の５の規定により労働者に労働させる場合には、育児を行う者、老人等の介護を行う者、職業訓練又は教育を受ける者その他特別の配慮を要する者については、これらの者が育児等に必要な時間を確保できるような配慮をしなければならない。

第15条　使用者は、法第34条第2項ただし書の協定をする場合には、一斉に休憩を与えない労働者の範囲及び当該労働者に対する休憩の与え方について、協定しなければならない。
2　前項の規定は、労使委員会の決議及び労働時間等設定改善委員会の決議について準用する。

第16条　使用者は、法第36条第1項の協定をする場合には、時間外又は休日の労働をさせる必要のある具体的事由、業務の種類、労働者の数並びに1日及び1日を超える一定の期間についての延長することができる時間又は労働させることができる休日について、協定しなければならない。
2　前項の協定（労働協約による場合を除く。）には、有効期間の定めをするものとする。
3　前二項の規定は、労使委員会の決議及び労働時間等設定改善委員会の決議について準用する。

第17条　法第36条第1項の規定による届出は、様式第9号（第24条の2第4項の規定により法第38条の2第2項の協定の内容を法第36条第1項の規定による届出に付記して届け出る場合にあっては様式第9号の2、労使委員会の決議を届け出る場合にあっては様式第9号の3、労働時間等設定改善委員会の決議を届け出る場合にあっては様式第9号の4）により、所轄労働基準監督署長にしなければならない。
2　法第36条第1項に規定する協定（労使委員会の決議及び労働時間等設定改善委員会の決議を含む。以下この項において同じ。）を更新しようとするときは、使用者は、その旨の協定を所轄労働基準監督署長に届け出ることによって、前項の届出にかえることができる。

第19条　法第37条第1項の規定による通常の労働時間又は通常の労働日の賃金の計算額は、次の各号の金額に法第33条若しくは法第36条第1項の規定によって延長した労働時間数若しくは休日の労働時間数又は午後10時から午前5時（厚生労働大臣が必要であると認める場合には、その定める地域又は期間については午後11時から午前6時）までの労働時間数を乗じた金額とする。

一　時間によって定められた賃金については、その金額
　二　日によって定められた賃金については、その金額を１日の所定労働時間数（日によって所定労働時間数が異る場合には、１週間における１日平均所定労働時間数）で除した金額
　三　週によって定められた賃金については、その金額を週における所定労働時間数（週によって所定労働時間数が異る場合には、４週間における１週平均所定労働時間数）で除した金額
　四　月によって定められた賃金については、その金額を月における所定労働時間数（月によって所定労働時間数が異る場合には、１年間における１月平均所定労働時間数）で除した金額
　五　月、週以外の一定の期間によって定められた賃金については、前各号に準じて算定した金額
　六　出来高払制その他の請負制によって定められた賃金については、その賃金算定期間（賃金締切日がある場合には、賃金締切期間、以下同じ）において出来高払制その他の請負制によって計算された賃金の総額を当該賃金算定期間における、総労働時間数で除した金額
　七　労働者の受ける賃金が前各号の２以上の賃金よりなる場合には、その部分について各号によってそれぞれ算定した金額の合計額
２　休日手当その他前項各号に含まれない賃金は、前項の計算においては、これを月によって定められた賃金とみなす。

第19条の２　使用者は、法第37条第３項の協定をする場合には、次の各号に掲げる事項について、協定しなければならない。
　一　法第37条第３項の休暇（以下「代替休暇」という。）として与えることができる時間の時間数の算定方法
　二　代替休暇の単位（１日又は半日（代替休暇以外の通常の労働時間の賃金が支払われる休暇と合わせて与えることができる旨を定めた場合においては、当該休暇と合わせた１日又は半日を含む。）とする。）
　三　代替休暇を与えることができる期間（法第33条又は法第36条第１項の規定によって延長して労働させた時間が１箇月について60時間を超えた当該１箇月の末日の翌日から２箇月以内とする。）
２　前項第１号の算定方法は、法第33条又は法第36条第１項の規定によって１箇月について60時間を超えて延長して労働させた時間の時間数に、

労働者が代替休暇を取得しなかった場合に当該時間の労働について法第37条第1項ただし書の規定により支払うこととされている割増賃金の率と、労働者が代替休暇を取得した場合に当該時間の労働について同項本文の規定により支払うこととされている割増賃金の率との差に相当する率（次項において「換算率」という。）を乗じるものとする。
3　法第37条第3項の厚生労働省令で定める時間は、取得した代替休暇の時間数を換算率で除して得た時間数の時間とする。

第20条　法第33条又は法第36条第1項の規定によって延長した労働時間が午後10時から午前5時（厚生労働大臣が必要であると認める場合は、その定める地域又は期間については午後11時から午前6時）までの間に及ぶ場合においては、使用者はその時間の労働については、第19条第1項各号の金額にその労働時間数を乗じた金額の5割以上（その時間の労働のうち、1箇月について60時間を超える労働時間の延長に係るものについては、7割5分以上）の率で計算した割増賃金を支払わなければならない。
2　法第33条又は法第36条第1項の規定による休日の労働時間が午後10時から午前5時（厚生労働大臣が必要であると認める場合は、その定める地域又は期間については午後11時から午前6時）までの間に及ぶ場合においては、使用者はその時間の労働については、前条第1項各号の金額にその労働時間数を乗じた金額の6割以上の率で計算した割増賃金を支払わなければならない。

第21条　法第37条第5項の規定によって、家族手当及び通勤手当のほか、次に掲げる賃金は、同条第1項及び第4項の割増賃金の基礎となる賃金には算入しない。
　一　別居手当
　二　子女教育手当
　三　住宅手当
　四　臨時に支払われた賃金
　五　1箇月を超える期間ごとに支払われる賃金

第23条　使用者は、宿直又は日直の勤務で断続的な業務について、様式第

10号によって、所轄労働基準監督署長の許可を受けた場合は、これに従事する労働者を、法第32条の規定にかかわらず、使用することができる。

第24条　使用者が1団として入坑及び出坑する労働者に関し、その入坑開始から入坑終了までの時間について様式第11号によって所轄労働基準監督署長の許可を受けた場合には、法第38条第2項の規定の適用については、入坑終了から出坑終了までの時間を、その団に属する労働者の労働時間とみなす。

第24条の2　法第38条の2第1項の規定は、法第4章の労働時間に関する規定の適用に係る労働時間の算定について適用する。
2　法第38条の2第2項の協定（労働協約による場合を除き、労使委員会の決議及び労働時間等設定改善委員会の決議を含む。）には、有効期間の定めをするものとする。
3　法第38条の2第3項の規定による届出は、様式第12号により、所轄労働基準監督署長にしなければならない。ただし、同条第2項の協定で定める時間が法第32条又は第40条に規定する労働時間以下である場合には、当該協定を届け出ることを要しない。
4　使用者は、法第38条の2第2項の協定の内容を法第36条第1項の規定による届出（労使委員会の決議の届出及び労働時間等設定改善委員会の決議の届出を除く。）に付記して所轄労働基準監督署長に届け出ることによって、前項の届出に代えることができる。

第24条の2の2　法第38条の3第1項の規定は、法第4章の労働時間に関する規定の適用に係る労働時間の算定について適用する。
2　法第38条の3第1項第1号の厚生労働省令で定める業務は、次のとおりとする。
　一　新商品若しくは新技術の研究開発又は人文科学若しくは自然科学に関する研究の業務
　二　情報処理システム（電子計算機を使用して行う情報処理を目的として複数の要素が組み合わされた体系であってプログラムの設計の基本となるものをいう。）の分析又は設計の業務

三　新聞若しくは出版の事業における記事の取材若しくは編集の業務又は放送法（昭和25年法律第132号）第２条第28号に規定する放送番組（以下「放送番組」という。）の制作のための取材若しくは編集の業務

四　衣服、室内装飾、工業製品、広告等の新たなデザインの考案の業務

五　放送番組、映画等の制作の事業におけるプロデューサー又はディレクターの業務

六　前各号のほか、厚生労働大臣の指定する業務

3　法第38条の３第１項第６号の厚生労働省令で定める事項は、次に掲げるものとする。

一　法第38条の３第１項に規定する協定（労働協約による場合を除き、労使委員会の決議及び労働時間等設定改善委員会の決議を含む。）の有効期間の定め

二　使用者は、次に掲げる事項に関する労働者ごとの記録を前号の有効期間中及び当該有効期間の満了後３年間保存すること。

　　イ　法第38条の３第１項第４号に規定する労働者の労働時間の状況並びに当該労働者の健康及び福祉を確保するための措置として講じた措置

　　ロ　法第38条の３第１項第５号に規定する労働者からの苦情の処理に関する措置として講じた措置

4　法第38条の３第２項において準用する法第38条の２第３項の規定による届出は、様式第13号により、所轄労働基準監督署長にしなければならない。

第24条の２の３　法第38条の４第１項の規定による届出は、様式第13号の２により、所轄労働基準監督署長にしなければならない。

2　法第38条の４第１項の規定は、法第４章の労働時間に関する規定の適用に係る労働時間の算定について適用する。

3　法第38条の４第１項第７号の厚生労働省令で定める事項は、次に掲げるものとする。

一　法第38条の４第１項に規定する決議の有効期間の定め

二　使用者は、次に掲げる事項に関する労働者ごとの記録を前号の有効期間中及び当該有効期間の満了後３年間保存すること。

　　イ　法第38条の４第１項第４号に規定する労働者の労働時間の状況並

びに当該労働者の健康及び福祉を確保するための措置として講じた
　　　措置
　　ロ　法第38条の４第１項第５号に規定する労働者からの苦情の処理に
　　　関する措置として講じた措置
　　ハ　法第38条の４第１項第６号の同意

第24条の２の４　法第38条の４第２項第１号の規定による指名は、法第41
　条第２号に規定する監督又は管理の地位にある者以外の者について行わ
　なければならない。
２　法第38条の４第２項第２号の規定による議事録の作成及び保存につい
　ては、使用者は、労使委員会の開催の都度その議事録を作成して、これ
　をその開催の日（法第38条の４第１項に規定する決議及び労使委員会の
　決議並びに第25条の２に規定する労使委員会における委員の５分の４以
　上の多数による議決による決議が行われた会議の議事録にあっては、当
　該決議に係る書面の完結の日（第56条第５号の完結の日をいう。））から
　起算して３年間保存しなければならない。
３　法第38条の４第２項第２号の規定による議事録の周知については、使
　用者は、労使委員会の議事録を、次に掲げるいずれかの方法によって、
　当該事業場の労働者に周知させなければならない。
　一　常時各作業場の見やすい場所へ掲示し、又は備え付けること。
　二　書面を労働者に交付すること。
　三　磁気テープ、磁気ディスクその他これらに準ずる物に記録し、か
　　　つ、各作業場に労働者が当該記録の内容を常時確認できる機器を設置
　　　すること。
　四　法第38条の４第２項第３号の厚生労働省令で定める要件は、労使委
　　　員会の招集、定足数、議事その他労使委員会の運営について必要な事
　　　項に関する規程が定められていることとする。
　五　使用者は、前項の規程の作成又は変更については、労使委員会の同
　　　意を得なければならない。
　六　使用者は、労働者が労使委員会の委員であること若しくは労使委員
　　　会の委員になろうとしたこと又は労使委員会の委員として正当な行為
　　　をしたことを理由として不利益な取扱いをしないようにしなければな
　　　らない。

第24条の2の5　法第38条の4第4項の規定による報告は、同条第1項に規定する決議が行われた日から起算して6箇月以内に1回、及びその後1年以内ごとに1回、様式第13号の4により、所轄労働基準監督署長にしなければならない。
2　法第38条の4第4項の規定による報告は、同条第1項第4号に規定する労働者の労働時間の状況並びに当該労働者の健康及び福祉を確保するための措置の実施状況について行うものとする。

第25条の2　使用者は、法別表第1第8号、第10号（映画の製作の事業を除く。）、第13号及び第14号に掲げる事業のうち常時10人未満の労働者を使用するものについては、法第32条の規定にかかわらず、1週間について44時間、1日について8時間まで労働させることができる。
2　使用者は、当該事業場に、労働者の過半数で組織する労働組合がある場合においてはその労働組合、労働者の過半数で組織する労働組合がない場合においては労働者の過半数を代表する者との書面による協定（労使委員会における委員の5分の4以上の多数による決議及び労働時間等設定改善法第7条第1項の労働時間等設定改善委員会における委員の5分の4以上の多数による決議を含む。以下この条において同じ。）により、又は就業規則その他これに準ずるものにより、1箇月以内の期間を平均し1週間当たりの労働時間が44時間を超えない定めをした場合においては、前項に規定する事業については同項の規定にかかわらず、その定めにより、特定された週において44時間又は特定された日において8時間を超えて、労働させることができる。
3　使用者は、就業規則その他これに準ずるものにより、その労働者に係る始業及び終業の時刻をその労働者の決定にゆだねることとした労働者については、当該事業場の労働者の過半数で組織する労働組合がある場合においてはその労働組合、労働者の過半数で組織する労働組合がない場合においては労働者の過半数を代表する者との書面による協定により、次に掲げる事項を定めたときは、その協定で第2号の清算期間として定められた期間を平均し1週間当たりの労働時間が44時間を超えない範囲内において、第1項に規定する事業については同項の規定にかかわらず、1週間において44時間又は1日において8時間を超えて、労働させることができる。

一　この項の規定による労働時間により労働させることとされる労働者の範囲
　二　清算期間（その期間を平均し１週間当たりの労働時間が44時間を超えない範囲内において労働させる期間をいい、１箇月以内の期間に限るものとする。次号において同じ。）
　三　清算期間における総労働時間
　四　標準となる１日の労働時間
　五　労働者が労働しなければならない時間帯を定める場合には、その時間帯の開始及び終了の時刻
　六　労働者がその選択により労働することができる時間帯に制限を設ける場合には、その時間帯の開始及び終了の時刻
4　第１項に規定する事業については、法第32条の４又は第32条の５の規定により労働者に労働させる場合には、前三項の規定は適用しない。

賃金の支払の確保等に関する法律（抄）

第2条　この法律において「賃金」とは、労働基準法（昭和22年法律第49号）第11条に規定する賃金をいう。

2　この法律において「労働者」とは、労働基準法第9条に規定する労働者（同居の親族のみを使用する事業又は事務所に使用される者及び家事使用人を除く。）をいう

第6条　事業主は、その事業を退職した労働者に係る賃金（退職手当を除く。以下この条において同じ。）の全部又は一部をその退職の日（退職の日後に支払期日が到来する賃金にあっては、当該支払期日。以下この条において同じ。）までに支払わなかった場合には、当該労働者に対し、当該退職の日の翌日からその支払をする日までの期間について、その日数に応じ、当該退職の日の経過後まだ支払われていない賃金の額に年14.6パーセントを超えない範囲内で政令で定める率を乗じて得た金額を遅延利息として支払わなければならない。

2　前項の規定は、賃金の支払の遅滞が天災地変その他のやむを得ない事由で厚生労働省令で定めるものによるものである場合には、その事由の存する期間について適用しない。

賃金の支払の確保等に関する法律施行規則（抄）

第6条　法第6条第2項の厚生労働省令で定める事由は、次に掲げるとおりとする。
　一　天災地変
　二　事業主が破産手続開始の決定を受け、又は賃金の支払の確保等に関する法律施行令（以下「令」という。）第2条第1項各号に掲げる事由のいずれかに該当することとなったこと。
　三　法令の制約により賃金の支払に充てるべき資金の確保が困難であること。
　四　支払が遅滞している賃金の全部又は一部の存否に係る事項に関し、合理的な理由により、裁判所又は労働委員会で争っていること。
　五　その他前各号に掲げる事由に準ずる事由

参考裁判例一覧

番号	事件名	裁判所	判決年月日			労働判例 掲載号・頁		全文／ダイジェスト	本書掲載ページ
1	スリー・エイト警備事件	大阪地裁	24	1	27	1050	92	ダ	※
2	日本機電事件	大阪地裁	24	3	9	1052	70	全	140、157、194
3	株式会社乙山事件	東京地裁	24	3	23	1054	47	全	23、75、87、191、195
4	ピュアルネッサンス事件	東京地裁	24	5	16	1057	96	全	114、181、187
5	セントラルスポーツ事件	京都地裁	24	4	17	1058	69	全	181、194
6	ロア・アドバタイジング事件	東京地裁	24	7	27	1059	26	全	38、61、122、171、180、184、195
7	テックジャパン事件	最高裁	24	3	8	1060	5	全	90、178
8	エーディーディー事件	大阪高裁	24	7	27	1062	63	全	42
9	浪速フード（旧えびのやグループ）事件	大阪地裁	24	9	21	1062	89	ダ	133、163、195
10	ワークフロンティア事件	東京地裁	24	9	4	1063	65	全	83、163、176、195
11	ザ・ウィンザー・ホテルズインターナショナル事件	札幌高裁	24	10	19	1064	37	全	82、98、125、157、168、176
12	プロッズ事件	東京地裁	24	12	27	1069	21	全	93、118、131、150、167
13	アールエフ事件	長野地裁	24	12	21	1071	26	全	48、67、154
14	イーライフ事件	東京地裁	25	2	28	1074	47	全	128、157、167、193
15	ファニメディック事件	東京地裁	25	2	23	1080	5	全	33、51、92、93
16	キュリオステーション事件	東京地裁	25	7	17	1081	5	全	87、184、187
17	オカダテニス・クリエーション事件	大阪地裁	25	6	28	1082	77	ダ	140

※ 本書では触れませんでしたが、タイムカードが破棄されていたこと等を理由に、仮にタイムカードがあったとしても、その記載から直ちに労働時間を認定することはできないと判断した裁判例です。

番号	事件名	裁判所	判決年月日			労働判例掲載号・頁		全文／ダイジェスト	本書掲載ページ
18	WILLER EXPRESS 西日本ほか1社事件	東京地裁	25	4	9	1083	75	ダ	52、78、88、122、126、147、183
19	カール・ハンセン＆サンジャパン事件	東京地裁	25	10	4	1085	50	全	146、193
20	医療法人衣明会事件	東京地裁	25	9	11	1085	60	全	48、79、90、149
21	レガシィほか1社事件	東京高裁	26	2	27	1086	5	全	41、191、195
22	オリエンタルモーター（割増賃金）事件（控訴審）	東京高裁	25	11	21	1086	52	全	63、70、133、141、190
22	オリエンタルモーター（割増賃金）事件（一審）	長野地裁松本支部	25	5	24	1086	57	全	
23	東名運輸事件	東京地裁	25	10	1	1087	56	ダ	33、57、75、137、146、170
24	金本運送（割増賃金）事件	大阪地裁	25	10	17	1088	79	ダ	57、142
25	ホンダカーズA株式会社事件	大阪地裁	25	12	10	1089	82	ダ	46、109、129
26	乙山石油事件	大阪地裁	25	12	19	1090	79	ダ	27、147、184
27	ワールドビジョン事件	東京地裁	24	10	30	1090	87	全	39、66、87、139、153
28	DIPS（旧アクティリンク）事件	東京地裁	26	4	4	1094	5	全	169、172、184、193
29	新富士商事事件	大阪地裁	25	12	20	1094	77	ダ	121、185
30	医療法人社団明芳会（R病院）事件	東京地裁	26	3	26	1095	5	全	121、142
31	ヒロセ電機（残業代等請求）事件	東京地裁	25	5	22	1095	63	全	10、13、32、37、46、65、69、117、123、136、144、153
32	丙川商会事件	東京地裁	26	1	8	1095	81	ダ	154
33	泉レストラン事件	東京地裁	26	8	26	1103	86	ダ	51

番号	事件名	裁判所	判決年月日			労働判例掲載号・頁		全文/ダイジェスト	本書掲載ページ
34	スロー・ライフ事件	金沢地裁	26	9	30	1107	79	ダ	80、115、145
35	マーケティングインフォメーションコミュニティ事件	東京高裁	26	11	26	1110	46	全	97、100、199
36	ワークスアプリケーションズ事件	東京地裁	26	8	20	1111	84	ダ	94、105、131
37	ハンナシステム事件	大阪地裁	26	10	16	1112	76	ダ	51、161
38	有限会社空事件	東京地裁	27	2	27	1123	149	ダ	89、128
39	穂波事件	岐阜地裁	27	10	22	1127	29	全	57、97、172、185
40	類設計室（取締役塾職員・残業代）事件	京都地裁	27	7	31	1128	52	全	186、196
41	ナカヤマ事件	福井地裁	28	1	15	1132	5	全	74、93、155、172
42	仁和寺事件	京都地裁	28	4	12	1139	5	全	75、161、184
43	今井建設ほか事件（控訴審）	大阪高裁	28	4	15	1145	82	全	62、84、129
43	今井建設ほか事件（一審）	京都地裁	26	12	25	1145	96	全	62、84、129
44	プロポライフ事件	東京地裁	27	3	13	1146	85	ダ	101、151、165、172、177
45	無洲事件	東京地裁	28	5	30	1149	72	全	22、118
46	国際自動車事件	最高裁	29	2	28	1152	5	全	16、24、77、81、90、95、109
47	鳥伸事件	大阪高裁	29	3	3	1155	5	全	29、61、92、132
48	損保ジャパン日本興亜（付加金支払請求異議）事件	東京地裁	28	10	14	1157	59	全	198
49	プレナス（ほっともっと元店長B）事件	大分地裁	29	3	30	1158	32	全	138、184、190、194

番号	事件名	裁判所	判決年月日			労働判例 掲載号	・頁	全文/ダイジェスト	本書掲載ページ
50	プレナス（ほっともっと元店長A）事件	静岡地裁	29	2	17	1158	76	全	138、141、180、185、193、195
51	ジャパンレンタカー事件	名古屋高裁	29	5	18	1160	5	全	34、147、165
52	竹屋ほか事件	津地裁	29	1	30	1160	72	全	115
53	イオンディライトセキュリティ事件	千葉地裁	29	5	17	1161	5	全	54
54	医療法人社団E会（産科医・時間外労働）事件	東京地裁	29	6	30	1166	23	全	54、58、88、105、191、196
55	乙山彩色工房事件	京都地裁	29	4	27	1168	80	全	42
56	日本総業事件	東京地裁	28	9	16	1168	99	ダ	25
57	コロワイドMD（旧コロワイド東日本）事件	東京高裁	28	1	27	1171	76	ダ	99、198
58	国際自動車（差戻審）事件	東京高裁	30	2	15	1173	34	全	91、95、110
59	サンフリード事件	長崎地裁	29	9	14	1173	51	全	34、85

著者略歴

中野　公義（なかの　きみよし）

昭和52（1977）年生まれ　福岡県出身。

【著者略歴】

1996年　福岡県立筑紫丘高等学校普通科卒業
2000年　東京工業大学理学部応用物理学科卒業
2001年　福井労働局福井労働基準監督署　労働基準監督官
2003年　同局武生労働基準監督署　労働基準監督官
2004年　厚生労働省労働基準局　労災補償部補償課通勤災害係
2006年　同省政策統括官（労働担当）労使関係担当参事官室4係
2008年　同省退職
2009年　平成21年度旧司法試験最終合格
2010年　第64期司法修習生
2011年　司法修習修了
2011年　弁護士登録（福岡県弁護士会　登録番号44216）
2011年　独立開業（なかのきみよし法律事務所）

【セミナー等講師歴】

2011年　福岡県社会保険労務士会　司法研修部会　研修
2012年　福岡県社会保険労務士会　福岡支部南支会　研修
2014年　熊本県社会保険労務士会　研修
2014年　福岡県弁護士会　労働法制研修会　研修
2015年　福井県社会保険労務士会　研修
2015年～2017年　大野城市商工会　弁護士による講習会
2016年　熊本県社会保険労務士会　西支部　研修
2012年～2016年　特定社労士実践塾　第1研修
2017年　社会保険労務士法人ジャスティス　企業向けセミナー
2017年～現在　無敵の社労士実践会　社労士向け研修

〔労働時間・残業代〕	平成30年8月20日　初版発行
裁判所の判断がスグわかる本	令和2年9月1日　初版3刷

	検印省略	
著　者	中　野　公　義
発行者	青　木　健　次
編集者	岩　倉　春　光
印刷所	東光整版印刷
製本所	国　宝　社

〒101-0032
東京都千代田区岩本町1丁目2番19号
https://www.horei.co.jp/

（営　業）　TEL　03-6858-6967　　Eメール　syuppan@horei.co.jp
（通　販）　TEL　03-6858-6966　　Eメール　book.order@horei.co.jp
（編　集）　FAX　03-6858-6957　　Eメール　tankoubon@horei.co.jp

（バーチャルショップ）　https://www.horei.co.jp/iec/
（お詫びと訂正）　https://www.horei.co.jp/book/owabi.shtml
（書籍の追加情報）　https://www.horei.co.jp/book/oshirasebook.shtml

※万一、本書の内容に誤記等が判明した場合には、上記「お詫びと訂正」に最新情報を掲載しております。ホームページに掲載されていない内容につきましては、FAXまたはEメールで編集までお問合せください。

- 乱丁、落丁本は直接弊社出版部へお送りくださればお取替えいたします。
- JCOPY　〈出版者著作権管理機構　委託出版物〉
  本書の無断複製は著作権法上での例外を除き禁じられています。複製される場合は、そのつど事前に、出版者著作権管理機構（電話03-5244-5088、FAX 03-5244-5089、e-mail: info@jcopy.or.jp）の許諾を得てください。また、本書を代行業者等の第三者に依頼してスキャンやデジタル化することは、たとえ個人や家庭内での利用であっても一切認められておりません。

Ⓒ K. Nakano 2018. Printed in JAPAN
ISBN 978-4-539-72622-8

好評既刊姉妹書

解雇
裁判所の判断がスグわかる本

弁護士・元労働基準監督官 **中野 公義** 著

> 整理解雇・内定取消し・懲戒解雇・解雇手続・賃金の仮払い…「裁判になったらどうなる？」

> 普通解雇・懲戒解雇、手続き上の諸問題、保全手続について、法律上および事実認定上の判断ポイント、を効率よく押さえる1冊。

A5判・264頁 定価（本体2,300円＋税）　　2020年9月刊

書籍のご注文はお近くの大型書店、WEB書店または 株式会社日本法令 通信販売係まで
Tel：03－6858－6966　Fax：03－3862－5045

好評既刊姉妹書

雇止め
裁判所の判断が スグわかる本

弁護士・元労働基準監督官 　中野 公義　著

更新義務・定年後再雇用・合理的期待…「裁判になったらどうなる？」

雇止めや地位確認に付随して問題となる賃金支払い等の事件について、法律上および事実認定上の判断ポイントを効率よく押さえる1冊。

A5判・264頁 定価（本体2,300円＋税）

2020年9月刊

書籍のご注文はお近くの大型書店、WEB書店または 株式会社日本法令 通信販売係まで
Tel：03－6858－6966　Fax：03－3862－5045

好評既刊姉妹書

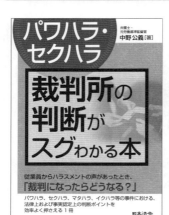

パワハラ・セクハラ
裁判所の判断が
スグわかる本

弁護士・元労働基準監督官　中野 公義 著

パワハラ、セクハラ、マタハラ、イクハラ等の事件における、法律上および事実認定上の判断ポイントを効率よく押さえる1冊。

A5判・320頁 定価（本体2,400円＋税）　　2020年6月刊

労働時間・残業代
裁判所の判断が
スグわかる本

弁護士・元労働基準監督官　中野 公義 著

残業代請求事件における、様々な事実認定のポイント、労務管理、証拠収集等の対応方法を効率よく押さえる1冊。

A5判・240頁 定価（本体2,000円＋税）　　2018年8月刊

書籍のご注文はお近くの大型書店、WEB書店または 株式会社日本法令 通信販売係まで
Tel：03－6858－6966　Fax：03－3862－5045